精品明理
—诠释工作内涵发展之理—

主编　丁璇　刘思广

高校学生自治工作创新与实践

Innovation and Practice in University Student Self-Governance

北京理工大学出版社
BEIJING INSTITUTE OF TECHNOLOGY PRESS

内 容 简 介

本书以《国家中长期教育改革和发展规划纲要（2010—2020 年）》《关于进一步加强和改进大学生思想政治教育的意见》为引领，总结出了一些丰富的经典案例。案例中，北京理工大学珠海学院党委及各级部门充分发挥能动性作用，带动校内学生组织、班集体及学生团队等，在大学生思想政治教育、校园文化建设、校园事务管理中取得了很多成绩。

本书可作为高等院校推行学生自我教育、自我管理和自我服务的示范教材，也可作为高等教育改革与发展的参考资料。

图书在版编目（CIP）数据

高校学生自治工作创新与实践 / 丁璇，刘思广主编. —北京：北京理工大学出版社，2016.10

ISBN 978-7-5682-3272-2

Ⅰ. ①高…　Ⅱ. ①丁…　②刘…　Ⅲ. ①高等学校-学生生活-案例　Ⅳ. ①G645.5

中国版本图书馆 CIP 数据核字（2016）第 252651 号

出版发行 / 北京理工大学出版社有限责任公司
社　　址 / 北京市海淀区中关村南大街 5 号
邮　　编 / 100081
电　　话 /（010）68914775（总编室）
（010）82562903（教材售后服务热线）
（010）68948351（其他图书服务热线）
网　　址 / http://www.bitpress.com.cn
经　　销 / 全国各地新华书店
印　　刷 / 保定市中画美凯印刷有限公司
开　　本 / 710 毫米×1000 毫米　1/16
印　　张 / 12.5
字　　数 / 200 千字
版　　次 / 2016 年 10 月第 1 版　2016 年 10 月第 1 次印刷
定　　价 / 36.00 元

责任编辑 / 王晓莉
文案编辑 / 王晓莉
责任校对 / 周瑞红
责任印制 / 王美丽

前　言
PREFACE

为认真学习贯彻习近平总书记关于教育工作的一系列重要讲话精神，北京理工大学珠海学院在党的坚强领导下，高举中国特色社会主义伟大旗帜，立足自身实际，锐意改革创新，特别是在推进学生自治工作方面取得了可喜成绩，《高校学生自治工作创新与实践》就是学院多年来在学生教育管理等事务工作中积淀形成的经验总结。

所谓“学生自治”，是推动学生自理自立和实现人才培养目标的内在要求，是学生个人或群体在学校的指导下，进行自我组织、自我管理、自我教育、自我服务，在一定范围内参与学校事务管理和决策的机制。笔者认为，凡是学生自己的事，学生群体共同的事，学生愿意管理、有能力管理的事，都属学生自治的范围，交由学生负责、管理。

推行“学生自治”工作 3 年来，北京理工大学珠海学院通过加强学生自治组织建设和培养大批优秀的学生干部团队，扩大了学生自治的参与面，培养和提高了学生的综合素质，对提高学校管理效率，推动科学发展，构建和谐校园，弘扬开放兼容的校园文化发挥了不可替代的积极作用。

本书汇集了近年来北京理工大学珠海学院在学校党组织的领导下，学校共青团和各级各类学生社团及班集体等组织在学生的“世界观、人生观和社会主义核心价值观”教育、校风学风建设、安全诚信教育、校园治安联防、公益服务及生活社区管理等方方面面培育形成的可鉴案例，每个实例均阐述了发展背景、运行机制、成效特色及思考和启示等，为创新开展学生教育、管理和服务工作提供了重要参考，进而助力我国高等教育的“世界一流大学和一流学科”建设，鼓舞莘莘学子奋力谱写中华民族伟大复兴中国梦的青春篇章！

编　者

目录
CONTENTS

团学会负责人直选与自主运行

◇实施单位：民商法律学院　团总支　学生会

培养具有“独立之精神，自由之思想”的人才是我国各所大学追求的目标，然而实现方式却有待改进，典型之一即学生社团龙头——团学会是学校管理机构的一部分，学生自主度、参与度、运行度、满意度很低。北京理工大学珠海学院民商法律学院针对团学会运行的弊端，充分发挥学科特色优势，大力推行并实践团学会负责人直选与自主运行的机制，取得了良好的成效，扩大了学生自治的参与面，把握了教师引导的科学性，对大学生自治进行了新的诠释与推广。

一、案例实施背景

大学是思想产生和人格培育的摇篮。中世纪以来的国内外大学之所以声名远扬皆因其坚守此念。而现今我国的大学有的仍然沿袭中学的保姆式管教，缺乏创新，其典型表现就是：大部分大学学生社团龙头——团学会已成为学校管理机构的一部分。团学会负责人大多由学院任命、授意安排或内部推选；团学会工作大多听命于学院安排，基本在团学会内部自我完成，开展什么工作几乎完全由团学会内部决定，同学们很少有机会去了解团学会的运作程序，所需要的只不过是同学们的配合；层级分明的团学会常给普通同学一种高高在上的感觉，普通同学在其中不能找到自我归属感。

团学会是学生自己的社团。学生直接选举团学会负责人，团学会工作应代表同学并受同学监督，是社团自治的应有之义。所以，北京理工大学珠海学院民商法律学院团学会一改“负责人团队学生自荐、老师推选、领导决定的传统模式”，引导学生实现了自我组织、自我管理、自我教育、自我服务。

二、具体事例

（1）2011 年 6 月：民商法律学院第五届学生会负责人全院直选。
（2）2012 年 6 月：民商法律学院第六届学生会负责人全院直选。
（3）2013 年 6 月：民商法律学院第一届团学会负责人全院直选。
（4）2014 年 6 月：民商法律学院第二届团学会负责人全院直选。
（5）2015 年 6 月：民商法律学院第三届团学会负责人全院直选。

三、项目运转流程

（一）广泛动员，确定选举的组织与监督机构

在院内所有专业、班级发布前任团学会卸任及新一届团学会负责人团队选举的公告。前任团学会主席团与各年级学生代表组成选举组织机构，负责公布参选条件、候选人报名、候选人资格审查、选举准备、选举组织、选举结果确认与公示；团学会指导老师与各年级学生代表组成选举监督机构，负责监督选举组织结构工作是否按规定程序开展，接受、处理有关选举的事宜。

（二）公布参选人条件与报名办法，确定团学会负责人团队候选人

1. 参选人条件

（1）拥护中国共产党的领导，坚持四项基本原则，积极进取，忠于职守。具有过硬的思想政治素质。

（2）学习态度端正，学习成绩优良，在读期间无不良记录。

（3）有较强的沟通、组织、管理等工作能力，有一年及以上学生干部工作经历。

（4）熟悉团学会内部机构设置、部门职责、运行机制、工作流程，能全面把握学生工作。

（5）团学会负责人候选人原则上为大一、大二、大三民商法律学院在校学生。

2. 报名办法

（1）个人报名，自组团队的方法。即个人自由组队，资格审查通过即可成为候选人。

（2）有意参选者请下载并认真填写报名表，报名截止日期前将打印版（一式两份）交至文法学院选举组织机构办公室——民商法律学院团学会办公室，并将电子版发至其电子邮箱（电子版请以参选者姓名命名文件）。

（三）参选准备与竞选宣讲流程

1. 参选准备

（1）候选人确定后，面向全院公示。

（2）候选人要明确自身定位，制订民商法律学院团学会工作计划，准备好走访以及自身宣传所需资料。

2. 竞选宣讲流程

（1）竞选宣传。

① 网上宣传：选举开始后，团学会将把所有竞选团队的资料简介、竞选宣言等发布于学院网站以及学院微博，并通过海报等媒介对候选人展开宣传。

② 个人走访：各候选人可在规定时间内在民商法律学院学生宿舍进行走访宣传。参选者自愿进行自由拉票。自由宣传期前，向竞选组织机构提交宣传计划，审核通过后，可进行自由宣传拉票。

（2）竞选宣讲会。

① 参选人宣讲：纪实视频播放、个人介绍、工作能力证明、工作理念展示、当选负责人团队成员后的工作方向及规划等。时间是每人 5 分钟左右。

② 问答环节：选举组织机构、大众评委（各年级、班级学生代表）均可针对演讲进行提问，候选团队合作回答。

③ 投票环节：选举组织机构、大众评委将对各团队在宣讲会上的表现，投票给自己支持的参选人。宣讲会上选举组织机构的投票占最终票数的 10%，大众评委的投票占最终票数的 20%。

（四）全院学生直投，竞选结果公示

1. 全院学生直投

由选举执行小组及各班级班长共同完成。投票日当天，民商法律学院学生

所在的每栋宿舍均有一组工作人员进行发票、收票工作。各班级班长协助执行小组保证班内学生完成投票。投票结束后，将投票箱粘贴封条。转送至民商法律学院团学会办公室汇总。

2. 计票规则

票数统计组成分为两部分：分别为宣讲会现场投票（30%）和全院学生直投（70%）。其中宣讲会当天的30%投票权由两部分组成，分别为选举组织机构投票（10%）和大众评委投票（20%）。届时统计得票总数。

3. 票数统计结果公示

经正规程序进行严格统计，得票数最多的团队将当选为民商法律学院下任团学会负责人团队成员。选举结果面向全院师生公示。

（五）团学会自主运行

团学会负责人团队成员确定后，团学会负责人团队制订团学会工作计划，公示于全院征求师生意见。团学会工作计划正式执行过程与效果接受全院师生监督，团学会工作每学期期末向全院学生代表总结汇报工作成果并公示。

1. 继承传统优势，打造精品活动

多年来，在学院团委的指导下，我院团学会紧扣“服务为本”的宗旨，举办了一系列传统活动，并在新的环境中探索如何将传统活动精品化、细致化，从而极大地丰富了同学们的文化生活。

在新形势下，民商法律学院团学会充分利用有限资源，合理分配经费，克服困难，将一批传统项目打造成精品项目，如民商法律关爱周、毕业晚会、大型户外活动“奔跑吧，悟空”等得到了很好的反响，其中，学院啦啦队在校园运动会及诸多商业演出中还多次荣获奖项。

2. 完善内部建设，增强对外交流

作为基层团学组织，民商法律学院团学会在服务同学的同时，也在进一步完善自己的内部制度。本学年，民商法律学院团学会进一步修订了总章，并且制定了各个部门的章程及管理办法，完善管理机制，完善例会制度，坚持每周召开负责人例会及相关例会，对接下来的工作作出科学的规划及合理的安排，每次例会有专人记录。邀请学校及学院领导进行各类学生干部培训，增加户外拓展的机会，增进学生干部之间的感情。

四、项目实施要点

（1）整个项目的运行都秉持着“公平、公正、公开”的原则，保证从候选人到新任负责人成员的工作理念、工作计划、工作宗旨信息的公开化。

（2）候选人的信息审核，审查参选人条件。

（3）团学会自主运行机制接受全院（系）师生监督，从学生中来，到学生中去，符合学院（系）的准则与学生切身的利益。

五、项目特色与工作成效

北京理工大学珠海学院民商法律学院团学会负责人直选与自主运行项目注重学生自治能力的培养与教师科学引导的融合,强调充分发挥参选学生的群众、选举、宣传和责任意识，充分发挥普通学生的民主、权利和监督意识，充分发挥指导教师引导的参与、科学和监督意识，既避免很多学校团学会目标不明、规则不清的自治极端，又规避教师主导一切的控制极端，学生与教师在整个过程中共同做到不缺位、不乱位，促成教学的共同成长与进步。

民商法律学院团总支和学生会负责人全院直选的方式是当下各学生组织选举中值得推广的做法，在独立学院中属于新事物。经过几年几届学生团学会的尝试与探索，证明团学会负责人直选与团学会自主运行可以有效增加学生民主自治意识，培养学生自治能力。别于其他高校及其他学院（系）的选举方法，全院直选更有利于学生行使自己的投票权及选举权，选出自己心中的负责人，夯实了团学会组织的群众基础，为日后各项学生活动的开展赢得了广泛的群众支持。候选人通过宿舍走访、视频宣传、发展计划宣讲等形式，能有效提高候选人的组织能力、思维能力与语言表达能力。此外，团学会自主运行拉近了普通学生的归属感，增强了普通学生的监督感与民主意识，增强了团学会负责人团队成员的使命感与责任意识。

民商法律学院团总支和学生会负责人团队换届全院直选与自主运行成效显而易见：凡是学生自己的事，学生群体共同的事，学生愿意管理、有能力管理的事，都属于学生自治的范围，应交由学生共同负责、共同自治。学生自治的内容和形式应按照循序渐进的原则进行安排。在学生实施自治的过程中，随着自治能力的提高，最终形成了学生个人成功与学校教育成功的双赢局面：直选产生的民商法律学院团学会，以其良好的工作理念与态度，培养了大批高素质

学生干部，他们活跃在校园内外；民商法律学院开展了多项深受学生欢迎的活动，赢得多次表彰；民商法律学院学子的“紫色力量”与“紫色节奏”已成为校园的名片，民商法律学院也多次获得各种活动的精神文明奖以及“学生工作第一名”的荣誉，更在 2015 年荣获“广东省优秀学生会”、珠海市“五四红旗团总支部”称号，荣登北京理工大学珠海学院 2015 年校园十榜人物（团队）评选之“最佳团队榜”。

品香茗·论自治——赤花山茶座

◇实施单位：会计与金融学院 党总支

古人云：夫学须静也，才须学也，非学无以广才，非志无以成学。“茶座”之名源于我校所在的赤花山脉，是由会计与金融学院一群志同道合的党员学生自主发起、策划、组织、实施的，为广大学生提供了一个煮茶论道、自由辩论、深度思考、经验分享和思想碰撞的平台。学生们可以在这里就某一特定主题如阅读、实践、专业学习、职业规划等进行轻松对话、自由交流。

一、当前现状、问题和背景

为响应学校的学生自治推进工作，发挥学生群体进行自我组织、自我管理、自我教育、自我服务等事务管理和决策功能，会计与金融学院充分调动学生党员的积极性和主动性，使他们深入学生群体当中，发挥先锋模范作用，努力践行“养成教育”，创新突破学生自治工作。

会计与金融学院学生党支部与党员服务中心在学院的领导下，在学院学生事务工作辅导员的指导下，发挥了学生党员自我管理的积极性与创新性，为同学们开展了一项重要的自治活动——赤花山茶座座谈会。

赤花山茶座自成立以来，在品香茗、论茶道的氛围中，通过党员服务中心干部们的自我管理，已成功举办 19 期座谈会。探讨的话题包括：假期社会实践、班级管理、公益活动、旅行心得、学习社团协调等与大学生的学习、生活密切相关的话题。在 12 期之后更加开展了关于考研、就业、出国等大学应届毕业生关心的热点话题，获得同学们的肯定与支持，提高了赤花山茶座的知名度和影响力。由于会计与金融学院党员服务中心成员的群策群力，赤花山茶座贴近学生生活，学习的话题更具有深远的探讨性、趣味性和专业性。茶座席间，话题引导着每一位与会者畅所欲言，身处其中，深领其要，他们既是分享者也是受益者。同时通过党员服务中心后期的宣传，将赤花山茶座的内容在学院官网、微信平台等媒体进行传送，在广大同学间弘扬茶座精神，推广项目的影响力。

二、产生和发展

“煮茶论道，畅所欲言”是赤花山茶座一直以来秉承的信念，赤花山茶座座谈会作为会计与金融学院的品牌活动响应着学院推进新时代礼仪文化和促进学生自治工作的号召。在被评为“学校精品项目并荣获学生自治案例一等奖”后更是不断开阔视野，邀请学校领导与学生畅所欲言、品茶论道。同学们参与赤花山茶座座谈会，收获了一份茶香的精神，传递了一份自治的理念。

（一）活动对象

赤花山茶座面向北京理工大学珠海学院全体师生。

（二）活动主题

赤花山茶座探讨的话题贴近学生生活，包括：假期社会实践、班级管理、公益活动、旅行旅游心得、学习社团协调等。

（三）项目已完成进度

2013 年 3 月 26 日　第一期：聊聊寒假社会实践那些事。
2013 年 5 月 23 日　第二期：畅谈班级管理之道。
2013 年 6 月 9 日　第三期：以茶论道，以书会友　会计与金融学院第一届读书汇。
2013 年 7 月 12 日　第四期：行走的力量。
2013 年 11 月 20 日　第五期：我的大学之学生自治——学生班主任。
2013 年 12 月 25 日　第六期：学习和社团工作话题探讨。
2014 年 5 月 7 日　第七期：温故而知新——如何学好高等数学。
2014 年 5 月 21 日　第八期：信用管理专业沙龙。
2014 年 10 月 16 日　第九期：践行公益，奉献青春。
2014 年 11 月 25 日　第十期：学生干部思想学习动态调研座谈会。

2014 年 12 月 16 日　第十一期：会计与金融学院运动精神。
2015 年 4 月 14 日　第十二期：班级在我心中。
2015 年 5 月 15 日　第十三期：考公务员。
2015 年 5 月 29 日　第十四期：我的出国、考研之路。
2015 年 10 月 17 日　第十五期：聊聊助理那些事。
2015 年 10 月 20 日　第十六期：我与书记有个约会。
2015 年 12 月 23 日　第十七期：感恩我们家乡的母亲。
2016 年 4 月 15 日　第十八期：党漾我心，水融党魂。
2016 年 4 月 27 日　第十九期：张龙老师的读书交流会。
2016 年 5 月 22 日　第二十期：我的大学，我的班导生活。

三、运行机制

（一）深入群众，搜集话题

赤花山茶座旨在提供一个让同学们畅所欲言的平台，因此，提高话题的关注度是赤花山茶座成功举办的要义。

学生党支部与党员服务中心成员来自学生群体，均是班级、社团推优选举，经过党课培训脱颖而出的佼佼者。学生党支部与党员服务中心的干部深入学生中间，广泛关注同学们关心的热切话题，搜索身边热点信息，对比与拟订学期计划，按话题的时效性进行排序。会计与金融学院学生党支部与党员服务中心践行群众路线，自主策划，自我管理，得到了大家的认同。

（二）筛选标准，确定主题

时效性：最新发生的热点问题，是同学们密切关心与讨论的重点。第一期赤花山茶座选定的主题是寒假社会实践，开学伊始，正是一个反思与总结寒假生活的时期，而对于优秀团队的寒假社会实践的宝贵经验更是值得学习，因此第一期赤花山茶座应运而生。第十九期邀请学校张龙老师畅谈读书之道也是同样道理。

专业性：2013 年，会计与金融学院成立信用管理专业，赤花山茶座从信用管理这个新专业入手，开展了第八期赤花山茶座：信用管理专业沙龙。并且，在期末将至，每个大一新生都为学习高等数学烦恼担忧之时，赤花山茶座举办了第七期：温故而知新——如何学好高等数学。赤花山茶座选题不仅考虑到帮助同学们解决在专业学习、生活上的疑难问题，更希望和同学们一起加强良好的学风建设，进行学生的专业认知教育。

趣味性：赤花山茶座不仅从同学们的学业出发，更考虑到了他们的兴趣爱好。第三期：以茶论道，以书会友——会计与金融学院第一届读书汇以及第四期行走的力量，从同学们的兴趣爱好入手，旨在提高赤花山茶座的趣味性，让同学们能够分享不同的爱好，领略别样的风采。

探讨性：如何使学生更好地自我管理、自我提升？如何让模范学生更好地发挥传帮带的作用？这些都是具有可辩性的话题，为了进一步探讨答案，赤花山茶座特别举办了以下三期活动：即第二期：畅谈班级管理之道；第五期：我的大学之学生自治——学生班主任；第十期：学生干部思想学习动态调研座谈会。

学习性：同学之间的影响力是巨大的，会计与金融学院的学生自治“育人教育”更是将同学之间的传帮带发挥出最大力量。大一新生、大二干部面临社团活动与学习生活冲突时，该如何选择？践行公益是为了公益积分卡还是为了奉献微薄之力？运动只是锻炼身体的方式还是一项生活的乐趣？赤花山茶座为了挖掘每个会计与金融学院学子身上的闪光点，分享经历，相互学习，传递精神，举办了以下三期获得一致好评的赤花山茶座：即第六期：学习和社团工作话题探讨；第九期：践行公益，奉献青春；第十一期：会计与金融学院运动精神。

（三）煮茶论道，传递精神

确定主题后，学生党支部与党员服务中心干部们，通过自我管理的体系，编制活动策划书，进行微博、微信、专业 QQ 群等宣传活动，采购物资、邀请嘉宾、筛选学生群体为观众，后期将活动中的内容写成新闻稿，发布于各个平台，以便传递精神。

赤花山茶座，既然是茶座，当然少不了“茶”，在茶香中，煮茶论道，同学们在茶座上畅所欲言，问其所疑，答其所知，辩其所惑，思想交流中收获一份茶香的精神，传递一份同学间自主自治的快乐。

四、绩效和特色亮点

（一）项目绩效

会计与金融学院一贯坚持以“育人教育”为中心、以“养成教育”为主线的办学理念。让优秀的学生有平台去锻炼，让优秀的学生有机会去接触更多的学生。赤花山茶座便提供了一个让优秀学生传递精神于更多学生的自治平台。赤花山茶座自 2013 年 3 月起，每学期开展 2～4 期茶座。曾荣获校学生自治工作案例评选一等奖，得到了广大党员及校党委的一致认可，同时在老师与同学当中也广受好评。经过三年的发展与磨炼，会计与金融学院党员服务中心举办的赤花山茶座已成为该学院的重点发展项目。

在对会计与金融学院学生自治与管理的探索创新道路上，赤花山茶座已成为学院探索学生自治管理之路的重要成果。学院党员服务中心在坚持党的群众路线、增强学生党员干部自治管理能力的同时，也促进了学院全体学生的健康发展，为培养符合新时代要求的高素质人才提供了强大的助力。

赤花山茶座不仅展现了同学们生活的乐趣，同时推动了学院学生文化素质教育工作的开展，提高了学院的文化品位和文化素养，有助于学院形成浓郁的人文与科学氛围。而且，茶座为同学们搭建了一个交流的平台，互相学习，互相帮助，以便更快地确定目标，制定规划，继续前行。

（二）主要特色

赤花山茶座以我校所在的赤花山山脉命名，采取的是学生党员全方位自主管理模式。从策划、组织到实施全部由学生党员及学生党员干部自行开展。赤花山茶座采用的是一种事前、事中、事后全方位结合的自主管理模式。事前自主深入了解学生群体需要，搜集与学生群体密切相关的话题；事中管理体现在活动时学生自主探讨、思考、辩论、分享；事后通过各大公众平台的推广宣传，加之同学们口口相传，传递了赤花山茶座的精神。

赤花山茶座通过讨论、思辨、分享等形式更好地加强了全学院学生与党员服务中心之间的关系，让学生党员把坚持走群众路线的要求落实到位，从而提高了他们的自治管理能力，促进了学院学生的健康发展。赤花山茶座在被评为校级精品项目后更是面向全校邀请学校领导与同学们品茶论道，为不同学院师生间搭建了一个交流沟通、思想碰撞的平台，极大地促进了学校师生间的教学相长。

五、为开展学生工作带来的思考和启示

随着社会的发展，时代的进步，高校的管理模式也要与时俱进，学生需要更多的机会去锻炼。因此，我们第一步要做的就是敢于让学生自治。如今的大学生都是未来的人才，学校要做的就是发现并且培养这些人才的能力，通过有效的途径培养学生的自主管理、自我服务的能力，促进学生社会化。为此，要通力合作，为学生自治提供条件。尊重大学生的独立人格，建立平等互动的师生关系，创造和谐宽松的人文环境等，提高学生自治的可持续性。还要加强对大学生自治的指导。学生毕竟是学生，还处于向社会化转型的阶段，知识不够丰富，管理不够娴熟。所以，学校除了要做好规划，认真选拔学生干部，指导他们对未来所从事的工作进行全面的分析外，更要教会他们如何总结经验、提高工作效率，加强对其的培训力度，从而提高自治水平。

学生自治中自我管理的路，任重而道远，会计与金融学院学生党支部与党员服务中心举办的赤花山茶座，是学生干部自主管理策划的平台，是依托优秀的学生传递精神于广大学生群体的平台。

赤花山茶座中学生党员参与机制也是学校开展学生自治工作的一个新举措。不仅是为了增强学生党员的使命感，也是为了学生的自我管理。

赤花山茶座的自我管理是一种事前、事中、事后全方位结合的管理模式。事前自主深入了解学生群体需要，搜集与学生群体密切相关的话题；事中茶座学生自主探讨、思考、辩论、分享；事后通过新闻稿以及同学们的口口相传，传递赤花山茶座的精神。

同时，赤花山茶座立足于“抓基层、打基础”，在党员服务中心的带领下，充分调动学生党员的积极性和主动性，将他们自我组织、自我管理、自我教育、自我服务、参与管理决策的特征落实到学院的党建工作中。同时，加强党员服务中心建设，发挥学生党员的先锋模范作用，努力践行“养成教育”，创新突破学生自治工作，构建学生基层队伍良好的意识形态。

义务维修与自主管理

◇实施单位：计算机学院　团学会

一、背景与问题

21 世纪是人类走向信息社会的新世纪，电脑的应用面日益广泛，在大学的校园里，几乎人手一台电脑。然而，在电脑为我们的学习和生活带来极大便利的同时，随之而来的问题也越来越多。例如各类病毒的侵蚀、文件丢失、数据破坏、系统瘫痪、硬件老化、黑屏、蓝屏……这些问题对师生们的学习、工作以及娱乐造成了一定程度上的影响。然而对于这些常见的故障，许多同学都处于缺少解决电脑问题的经验的状态，如果要上报厂家或者经营者维修又会耽误时间，影响工作学习，另外维修费用过高也会在一定程度上增加经济负担。于是，校园内普及电脑知识、使用技能以及拥有专业的维修人员就尤为迫切。在这种形势下，计算机学院团总支、学生会、技术部集专业知识与工作理念于一体，学以致用，服务师生，回馈社会。

二、具体事例

以计算机学院为例，有着乐于助人热心服务的团队——计算机学院团总支学生会技术部，尽最大努力为全校师生解答各种与电脑相关的问题，指导同学们正确使用和维护电脑，授以同学们关于电脑的更深层次的知识，并提供最优质的免费电脑维修服务。同时，他们也宣扬了计算机学院团总支、学生会“为学生服务”的宗旨。

（1）日常义务维修电脑。设立 5 个维修组，提供线上线下电脑维修，如在学院微博私信我们、QQ 群上联系我们、微信网上报修、短信或者电话咨询。

（2）四月维修月活动。进行为期一个月的电脑公益维修以及知识普及活动。

（3）学院微博、微信日常维护与开发。提供学院最新咨询及趣闻，现已有万人关注；搭建微信微博官网，并设计推出北京理工大学珠海学院 10 周年校庆微信邀请函，受到校友赞誉。

（4）计算机学院迎新视频制作与推送。我们拍摄制作迎新视频并于迎新当天全天播放推送，让新生更好地了解学校，了解学院。

（5）计算机学院元旦晚会后台搭建以及屏幕管理。

（6）校园十佳人物评选之热心公益榜的宣传视频制作以及后台搭建。

（7）互联网+红领巾活动，走进小学。

三、经过与做法

（一）自主管理、自我服务

我们秉承自主管理、自我服务精神，对成员进行分工与培训，用以老带新的形式，不断地学习进步，提高技能，每年招收新成员，以老带新，为技术部不断注入新鲜血液，进行各种培训，在维修月前期更是加班加点学习，充分策划，确保每个工作人员的维修能力以及密切配合能力，做到分工明确，各司其职，各尽其能，做到“服务他人，提升自我”。

（二）分工明确，流程作业

维修组建立微博、微信，提供日常维修和维护工作，其中，每天的维修工作由当天的组长负责。电脑义务维修流程分为三步：第一步，登记和检测，对于有问题的电脑，进行登记，记录物品，检测电脑故障问题，给予客户初步电脑问题鉴定，阐述问题及原因；第二步，复检以及维修，再次检测电脑，确定问题，备份资料，经过协商，进行维修服务；第三步，归还与登记，当问题解决后，及时归还并登记在案，在一周内咨询使用情况。

对于每一次维修，我们都严格记录在案，及时咨询访问，确保真正解决了电脑问题，为同学老师带去福音；对于每一次活动，自主撰写策划书，安排任务与要求，自主设计海报横幅，所有人亲身体会，亲自加入，活动前积极准备，活动后总结反馈，确保日后活动的顺利进行；对于每个问题，都进行讨论与总结，为解决问题出谋划策。

（三）服务师生，互相帮助

全年提供的义务维修服务是这样的：运用远程指导、交接电脑维修等方式进行。不管是日常的义务维修，还是每年四月的基础公开教学，我们始终带着饱满的热情去提供最好的服务。为回报学校师生的信任，我们也将继续把这种义务的公益活动进行下去，也希望通过这些活动可以加强同学之间的交流，在学校里形成一种同学之间相互帮助的良好氛围。

四、主要成效

自 2012 年 3 月为全校师生免费提供电脑维修义务服务算起，至今已连续举办五年，分为日常服务及公益维修月，服务达 3 800 人次。本学年，累计提供服务 37 次，服务 754 人次，其中学院内 109 人次，学院外 645 人次。

（1）公益精神，发表在《珠海特区报》。

珠海特区报 02 要闻

176家珠海企业亮相第115届广交会

中小民营企业占比近八成

领会新要求 落实新条例

集中展示文化产业十年成就

高校为大学生提供实操平台

全民参与共建生态家园

4家企业获得税收优惠

班级文化长廊 增色春日校园

行政处罚事先告知书送达公告

我们为学校的不同学院、不同专业大大小小的团体和师生提供优质的电脑公益维修服务，不仅解决了电脑故障难题、推广了电脑基础知识、宣传了公益精神，还带动了电脑知识的普及，提高了自身团队的素质，并有幸登上了《珠海特区报》。我们在每学年的第二学期开展维修月定点活动，进行电脑课堂教学，解答维修难题。

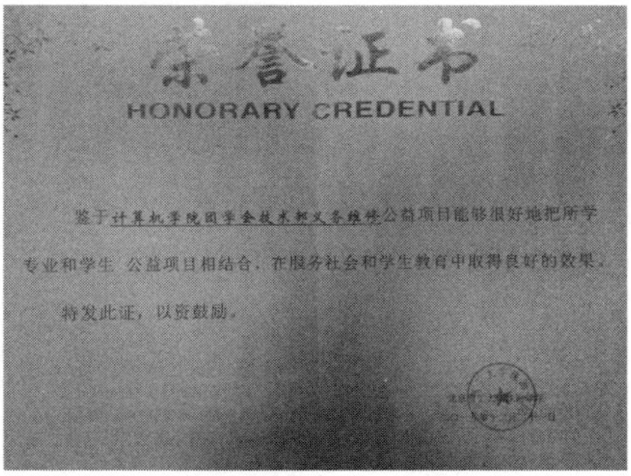

（2）荣获学校第二届学生自治案例一等奖并获得学校“朗山公益”启动资金专项支持。

（3）回馈社会，互联网+红领巾活动走进小学。

组织开展了以“传播互联网知识，开阔孩子们的眼界”为主题，以“普及计算机互联网基础知识”为目标的“互联网+红领巾”活动，通过这个活动给小学生普及了计算机的基础知识，让他们可以开动脑筋，接受新鲜并且有技术含量的知识。让他们知道其实计算机不仅可以玩游戏、看视频，还可以有更多用处。另外，我们把大学所学习到的一些使用电脑以及互联网的知识教授给他们，达到了这样的目标——向小学生普及计算机的基础知识；发掘他们的自学潜力和接受能力，寓教于乐；引导他们合理安全地使用计算机与互联网；揭开计算机与互联网的神秘面纱，提升小学生对其的兴趣度，告知他们世界的神奇发展，让他们感受到科技的乐趣和奇妙等。这个活动也培养了在校大学生的奉献精神和社会实践能力。

五、思考与启示

在服务过程中，我们认识到，在为广大师生提供服务、扩大公益的同时，也提升了自己的技术和修养。同时，我们也深刻认识到，应该将这种公益精神弘扬出去，传到全社会，为此，我们积极创建了针对全社会的维修微信群，向他们提供日常上门服务。我们相信，团队的严于律己、自主管理、热情向上的精神一定会使我们把公益事业做得更好。

运用学生原创电影品牌
开拓校园育人新载体

◇实施单位：校京涛海纳工作室

校园文化是常新的，能够保持永恒魅力，是学校发展的灵魂。我院以此为依据，结合实际，创建、培育和运用学生原创电影这一有效载体，旨在通过校园电影作品题材唤起青年学生对高尚而独立的人格的追求，激发学生的创作才能，活跃校园文化；同时打造一个最具青春气息的自我展示平台，吸引广大师生参与其中，成为深受师生喜爱又富有代表性的校园文化品牌活动，积极推动了具有我院特色的校园文化的发展，有力地引导着大学生树立正确的世界观、人生观和社会主义核心价值观。

多年来，我院通过“京涛海纳学生电影制作团队”平台，连续出品多部学生原创电影，电影题材以学生教育为导向，剧本均由我院学生的真实经历改编而成，突出了大学生为了实现“中国梦·青春梦·我的梦”而不懈奋斗的主题，具有一定的教育意义。这些学生原创电影作品分别是《校园风云》《一舞锁友》《四度光年》《花开夕夏》以及《同行》。我院成功举办了五场电影首映盛典活动，在院内外影响广泛，吸引了政府机关、社会媒体、影视行业、企业厂家和来自广州、深圳、珠海、佛山、惠州等地区高校社团代表的参与，首映现场宾朋满座，掌声四起；电影首映发布后分别在土豆网、优酷网、56 网、酷六网、搜狐、新浪等国内大型视频网站上同步上映。我院拍摄学生原创电影之举还受到中国新闻网、广东电视台、珠海电视台、香港文汇报、香港苹果日报、澳门商报、南方都市报、羊城晚报、新快报、珠江晚报以及新浪、腾讯、搜狐等 40 多家社会媒体报道 70 余次；该品牌作品更在国家级、省市级的影视专业赛事中获得 10 余项荣誉。

一、开拓载体，展示育人独特魅力

学生原创电影《校园风云》以“诠释至善至美，谱写大爱无言”为主题，于 2009 年 12 月开拍，历时半年拍摄制作完成，该电影中的人物、场景都是以校园为中心，剧组人员上百人。影片以姐弟情深为线索，因姐弟的深厚感情引发校园中一系列的故事，涉及了亲情、友情、爱情的内容，诠释了电影主人公勇于进取和宽容待人的性格特征，谱写了大爱精神;《校园风云》的诞生，既标志着我校学生原创电影的开始，也开创了珠海高校学生拍摄电影之先河。

《一舞锁友》以“开启大学梦想之旅，扬帆起航奋勇前行”为主题，于 2011 年 8 月开拍，拍摄场景取自深圳、广州等地，参与拍摄的学生组织多达十余个。该影片题材描述了一群热爱街舞的学生为实现理想而奋斗的经历，一次次的困难和挫折却燃烧起他们对理想的激情；该影片也是送给 2011 级新生的礼物，希望通过该片让刚跨入大学校门的新生,感受到大学生为理想而敢于追求的精神，启发他们对四年大学生活充满希望。

《四度光年》以“四年大学四年梦，青春绽放花满园”为主题，于 2012 年 4 月开始拍摄，拍摄场景取自广州、珠海、顺德三地，剧组人员上百人，制作历时 8 个月。该片剧情改编于我校学生原创漫画《大学生》，并自创与电影同名的主题歌曲；电影主要讲述了一群大学生毕业前后的友情、爱情、创业以及为理想而奋斗的动人故事，体现了他们在失业、离散、痛哭、迷惘的情况下，依然坚持不懈的精神，表达了年轻人为光荣梦想而奋斗的主题思想。

二、成效显著，彰显校园文化特色

我院学生原创电影品牌受到了中国新闻网、广东电视台、珠海电视台、香港文汇报、香港苹果日报、澳门商报、南方都市报、羊城晚报、新快报、珠江晚报以及新浪、腾讯、搜狐等 40 多家社会媒体做了题为《〈今日关注〉直播“校园风云”采访实录》《大学生 168 元成就首部校园电影》《学生电影再登荧幕　小制作孕育大梦想》《大学生拍摄电影筹钱为农民工买春运车票》《珠海校园电影创作获好评》《“一舞锁友”再现身边同学故事》《北理工拍电影送新生　题材源自身边同学》《北理工第二部学生电影校内公映》《学子自拍电影入围北大电影节》《4 万元 8 个月成就“四度光年”北理工第三部原创电影首映》《珠海大学生再拍原创电影》《北理工学生电影新作“四度光年”首映》等的报道 70 余次。

我院的学生原创电影创新文化成果得到影视专业评委的认可。我院首部学生原创电影《校园风云》获得世界·珠海大学生三分钟影像展持之以恒奖、珠海市第六届大学生文化艺术节原创电影大赛三等奖；第二部学生电影《一舞锁友》入选北京大学生电影节第十二届原创影片，获得梅州市广播电视台 DV 故事大赛二等奖、珠海市第六届大学生文化艺术节原创电影大赛二等奖；第三部学生电影《四度光年》获得珠海市第六届大学生文化艺术节原创电影大赛一等奖；该团队创作的视频《酱油人生》《甜蜜瞬间》《我们在这里》还获得珠海市第五届大学生文化艺术节原创视频大赛 3 项三等奖，创作的动画《应急知识知多少》获得“小红帽”广东红领巾应急避险教育动漫、童谣作品创作大赛动画类一等奖。中国著名书法家、学者、出版家张又栋亲笔为“京涛海纳”团队题名。

三、提炼经验，铸就电影品牌发展

通过创建、培育和运用学生原创电影这一有效载体的发展，结合我院对学生思想政治工作的研究，我们认为：有的放矢地选择载体，是增强学生教育针对性、实效性的前提；持之以恒地培育载体，是增强学生教育针对性、实效性的基础；与时俱进地运用载体，是增强学生教育针对性、实效性的动力。学生思想政治教育的方式需要不断地改革创新以适应时代要求，不同时代的青年学生具有不同的时代烙印，他们的思想认知随着社会的变化而变化。学校主动适应工作环境、思想教育主体、学生思想特点的变化，与时俱进地运用载体，在大学生知识、能力、人格等各方面注入创新的基因与活力，不断丰富学生原创校园电影的精神内涵，使之发挥辐射示范作用，促进了学生教育的多形式、多元化发展。

我院的学生原创电影品牌文化活动之所以能取得优良的成绩，除了在选择载体、培育载体、运用载体方面增强了学生教育的多形式、多元化发展，还注重“京涛海纳”电影制作团队的建设扶持，给予购买拍摄器材、视频剪辑设备，提供办公场所，聘请校内外专业的影视老师做培训，奖励和鼓励电影创作人员，并由主管学生工作的副院长对该团队进行指导，提出团队发展的“三项坚持”，始终原创制作，立足校园，关注潮流走向和校园原创电影发展，以提高自身原创水平。

（1）始终坚持原创制作，校园影视作品创作题材广泛，风格多样，形式不断出新，一大批个性突出、特色鲜明的作品，较好地满足了观众多层次、多方面的精神文化需求。四年来，“京涛海纳”学生电影制作团队利用短片的形式进行各种原创和风格多样的尝试，创作了《奋斗》《求生之路》《小手机》《大学小事》《绝处逢生》《酱油人生》《师兄帮你忙》等近 30 部优秀的校园短片作品。

（2）始终坚持立足校园，深情讲述校园与青春的故事。立足校园，以学生为本是融编、导、演、制为一体的“京涛海纳”学生电影制作团队的最大特色。该团队作为一个学生团体，经常关注身边的人和事，用校园中的优秀事迹教育人，用朴实的行为感动人，从而做到提升校园文化品位、弘扬校园正气、讲述青春故事、展示青春风采。

（3）始终关注校园电影的发展，倾情营造浓厚的艺术氛围。“京涛海纳”学生电影制作团队在剧本编创的过程中，不仅立足当下，立足校园，面向广大师生受众，更是始终关注校园电影在当今的发展，利用多形式、多视角的创新带给观众更多美的体验和新的感受。引进魔幻戏剧概念、神奇的情节、人物生与死的交替、时空的交错与转换手法，以及具有象征意义的场景设计，让观众在创新的校园学生影片中感悟人生。

小电影演绎大人生。“京涛海纳”学生电影制作团队在其成长与发展的 4 年间，始终坚持在创新中实践与在实践中创新，以其无穷的魅力和独有的“北理精神”书写着一个团队的精彩，成就了一个团队的传奇。

学生原创电影海报
北京理工大學珠海學院

电影首映活动剪影
北京理工大學珠海學院
BEIJING INSTITUTE OF TECHNOLOGY, ZHUHAI

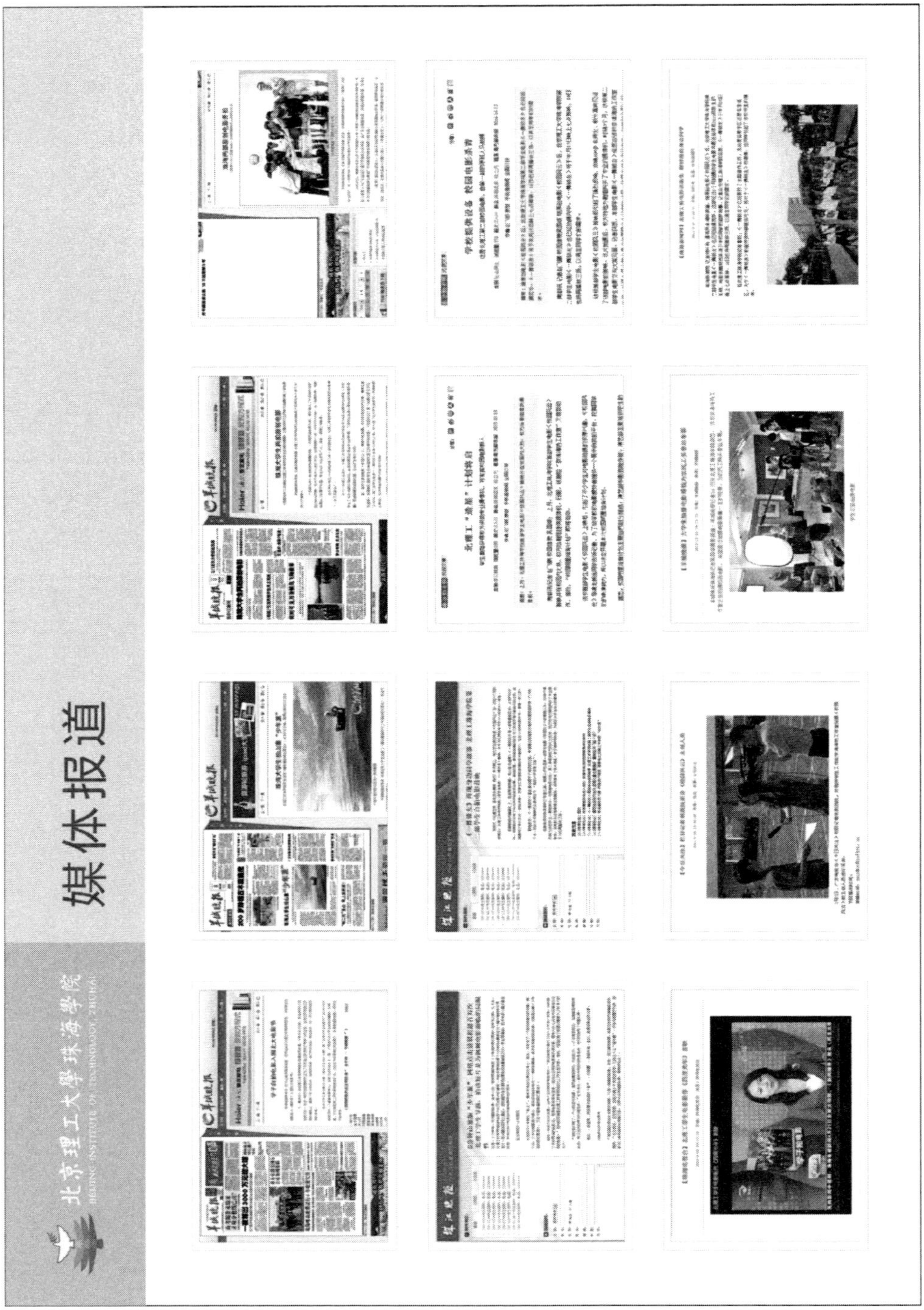
媒体报道
北京理工大學珠海學院
BEIJING INSTITUTE OF TECHNOLOGY, ZHUHAI

北京理工大學珠海學院
BEIJING INSTITUTE OF TECHNOLOGY, ZHUHAI

荣誉证书

首部学生原创电影《校园风云》获得世界·珠海大学生三分钟影像展持之以恒奖。

第二部学生电影《一舞锁友》入选北京大学生电影节第十二届原创影片。

第二部学生电影《一舞锁友》获得梅州市广播电视台DV故事大赛二等奖。

第三部学生电影《四度光年》获得珠海市第六届大学生文化艺术节原创电影大赛一等奖。

第二部学生电影《一舞锁友》获得珠海市第六届大学生文化艺术节原创电影大赛二等奖。

首部学生原创电影《校园风云》获得珠海市第六届大学生文化艺术节原创电影大赛三等奖。

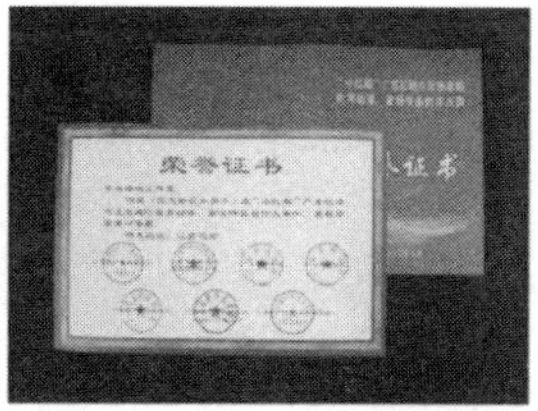

创作的动画《应急知识知多少》获得“小红帽”广东红领巾应急避险教育动漫、童谣作品创作大赛动画类一等奖。

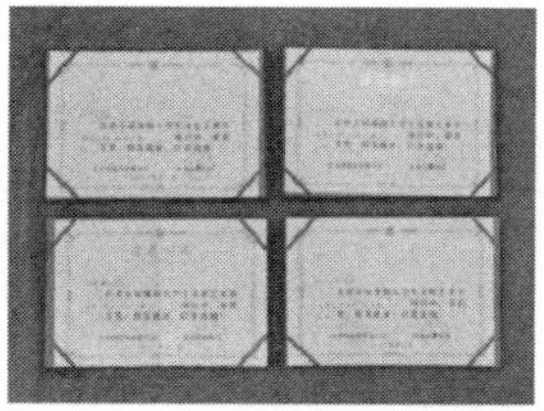

创作的视频《酱油人生》《甜蜜瞬间》《我们在这里》获得珠海市第五届大学生文化艺术节原创视频大赛3项三等奖。

班级信息化管理自治模式

◇实施单位：工业自动化学院　2013 级机械电子工程 2 班

一、实施背景

传统的班级管理受“泰罗制”和韦伯的“科层组织理论”影响较大，强调管理过程的“控制性”。这就要求班干部深入班级中的每一个个体并返回整体开展管理与服务工作，其中各项信息的传递、管理和反馈成为班级管理的核心。此过程涉及工作信息量大、程序繁杂、重复性工作多，长此以往，不仅班干部疲惫不堪，同学们也容易产生逆反心理，从而使班级工作效率低下甚至不能如期完成。由此，传统的自上而下的单一的班级管理模式受到挑战，如何科学地加强高校班级管理和建设成为我们亟须破解的难题。在此背景下，我院 2013 级机械电子工程 2 班的班干部利用同学们喜爱上网、易于接受新事物、获取信息能力强的特点，开发出班级信息化管理平台，通过网络开展班级工作，由“一对多”转变为“多对一”，不但大大简化了流程，提高了工作效率，而且增加了趣味性。一经推出，就得到班级同学们的热烈欢迎。

二、具体事例

以 2015—2016 学年的保险购买工作为例，该表格每个人有 14 项数据需要填写，全班共计 50 人，对于生活委员来说，总计需要收集 700 个数据。在以往的工作模式中，表格模板发给宿舍，以宿舍为单位进行填写，由宿舍长先汇总，然后交给生活委员汇总。整个环节如果进展顺利，至少需要一天时间。若某个同学不在宿舍，或者一时没看到信息，这个时间得数倍延长。在班级信息化管理平台下，因为班级建设有大数据库，我们不再需要每个同学手动填写，只需要在数据库里进行信息提取即可，整个过程十分钟。除了填写表格，保险购买另外一个重要的工作是收费，传统模式下，生活委员找同学一个一个地收，需要大量的解释工作，耗时费力，同时面临假币风险，可谓“身心俱疲”。在班级信息化管理平台下，每个同学直接点击班级收费平台，通过微信或者支付宝进行电子支付，两分钟之内即可完成缴费工作，而且没有了假币之忧以及钱币保管和投放的风险。

三、经过与做法

（一）建立并完善全项信息数据库

为了应对上级要求的学生信息数据统计，本班在大一入学时就开发一套全项信息数据库，除了包含姓名、学号、身份证号、宿舍号、籍贯、联系方式等学生基本信息外，还包含很多细节信息，例如衣服尺码、身高体重、鞋码等。这样在提交一项新的表格时，我们仅需根据键值要求相应地提取即可，方便而快捷，同时本系统采取双向离线加密并定期更新及补充新信息的方式，确保数据安全。

（二）开发电子信息收集（报名）系统

大学生活中，每个班级都会遇到各种学习及活动上的报名或信息的收集，传统班级管理模式往往是大家在一张纸质的表格上进行轮流填报，再由班干部手动录入汇总。耗时长、工作量大、准确率低，为此，本班针对这个情况开发电子信息收集（报名）系统。学院或班级有需要统计及报名任务时即启用此系统。以 2013 级实践技能证书统计为例，人数多、证书杂。是否通过、报名状态等都因人而异，在这种情况下，同学们通过本系统弹出的链接，填写姓名、学号、证书类别、是否通过等即完成统计。在预订的时间节点系统会自动关闭，通过与全项信息数据库比对，我们可实时统计出未填写的同学，从而使工作效率大大提升。

（三）开发在线缴费系统

在大学生活中，班级缴费也是很头疼的一件事情，在传统班级收费模式中，需要班干部做多次宣讲及大量解释的工作，而且容易出现假币问题。整个过程耗时长、费人力还存在安全隐患。为此，本班依托于微信公众号创建在线缴费系统，但凡与缴费相关的事项，我们均启用此系统发布通告，同学们通过通告内链接即可缴费。手机在线几分钟即可完成。以收缴保险费费用为例，我们设置保险项目及金额，同学们通过勾选完成缴费。本系统包含但不限于班费、团费、党费、保费、四六级报名费、书费、教学用具费用以及出游费用等。这就可以根据需要随时进行增添，缴费数据永久保留并可供同学们随时查看。

（四）建立班级风险储备金

班级风险储备金类似于银行风险储备金。旨在应急情况下将班费用在急需使用的地方进行先行垫付，保证教学活动的正常进行和师生生命财产的安全。

每个班都有自己的储备金，俗称班费。开学之初收取，但是收取多少，如何收取成了最大的问题。收多了怕影响同学们的情绪，收少了在关键时刻又无法派上用场，为此我们建立了这套制度。

建立制度之前在班会上和同学们表达了我们的初衷，并采取投票表决的方式进行，细化规则。储备金属于班级的所有人，任何人在任何时候均可启用，只需向班务组报告即可，费用由生活委员统一管理，专卡专户，资金流水实时更新，均可通过公众号进行查询，还有还款期限。储备金最终定为 2 500 元，全票通过。

储备金常年保证余额在 2 500 元以上，在此基础上多出的余额为班费，作为班级的日常支出，制度建立至今共启用 23 次，班费余额最高 7 000 余元，常年保持在 3 000 元左右。

如有同学需要启用储备金，只需在公众号上申请，班干部讨论通过后金额将从班费卡实时转至借用人账户。

（五）运营班级公众号

公众号建立的目的是以最短的时间完成多项任务。

（1）收发通知：学院下发的通知通过公众号直接传送到每位同学的手上，确保信息有效传达，不遗漏、不错过（与学校和学院新闻网串联）。

（2）被动反馈：运用在线留言系统，解决同学私密问题及隐私、查看以往通知和公告，并可以进行匿名投票及作业查询（与全项信息数据库串联）。

（3）任务菜单：信息统计上报与整理工作（与电子信息收集报名系统串联）。

（4）实时状态更新：班费动态更新，让同学们做自己班级的主人（与在线缴费系统风险储备金串联）。

（5）发文传送：传送学生成长、教育感悟、时事政策等文章（每篇文章都有互动回复功能），吸引班级同学对社会热点的关注和思考，将班级公众号打造成同学们进行思想政治自我教育的新平台。

四、主要成效

（一）提高了班级工作效率

关于这一点在具体事例里面已经有过阐述，大量烦琐的统计工作被电子化信息系统代替，以往几天才能完成的任务压缩为半个小时，大大提高了班级工作效率。这样，在辅导员下达的各项工作任务中，我们班级在同年级 18 个班里面，几乎每次都是第一个完成。

（二）增强了同学们的班级归属感和集体凝聚力

一是当别的班级同学还在用取钱、跑腿、纸格统计等传统方法处理班级事务时，本班事务基本在手机上就能完成，对于班级同学来说，这本身就是班级荣誉感的提升；二是班级风险管理金制度，将众筹和个人关怀融为一体，个人能够更加确定地感受来自集体的温暖，从而增强集体凝聚力。自从班级信息化建设后，同学们的感情加深了，班级大小事情在平台上商量，各项集体活动一呼百应，多次取得各项学校荣誉和奖项。

（三）思想政治教育由“教师一学生”的单一模式转变为立体模式，提高了教育成效性

以往的思想政治教育主要由辅导员、思想政治课专业教师向学生群体开展，班级公众号的建立则丰富了这一途径，只要关注公众号，可以将教师、家长、同学都纳入这个群体，随时了解、掌握班级发展动态，实现了同学教育、教师–家长联动教育等。比如本班公众号的关注人数就达到了 100 人以上（全班为 50 人），其中不少为外班同学、教师和家长。

（四）自主研发信息化系统管理班级，提升了班级形象，也是教育现代化的体现

教育现代化不仅体现在教学方法的更新上，更应该体现到科学的管理上。

在学校开设大学生事务中心，将很多学生事务问题管理信息化、数字化后，本班也受到启发，自主研发出这一套完整班级信息化系统，不仅大大方便了同学，更是提升了班级形象，顺应了现代教育信息化发展的大趋势。

五、思考与启示

传统班级管理模式层级多、信息量大、重复性多、效率低下，为此 2013 级机电 2 班在学生自治理念的引领下，结合同学们愿意接受和使用新事物的特点，利用网络载体进行班级信息化建设，给班级管理工作带来便捷性，提高了思想政治教育的有效性。当然，班级信息化建设任重而道远，还有进一步拓展的空间，比如加入党建、团建信息等。另外，信息平台的建设、维护等也需要一定的技术和硬件支撑。尽管如此，班级信息化建设将成为现代教育发展的大趋势，尤其是当我国高校面临完全学分制改革的背景下，班级成员在时间和空间上的流动性变大，班级信息化建设理应成为我们应对挑战的一项选择。

"筑梦工程"——人才储备计划

◇实施单位：航空学院　学生会

一、实施背景和问题

为深入贯彻落实学生自治理念，做到全心全意为同学服务，航空学院学生会自 2014 年开始就全面开展品牌创新项目——"筑梦工程"人才储备计划，其中包括"梦想银行""非常近距离""挑战无极限""学霸密码"和"最好的投资"等系列活动，旨在提高航院学子的综合素质，培养复合型应用型人才，并保证所有培训课程同学们全程参与零消费，而课程培训也通过深入挖掘并邀请航空学院的优秀学子来担任讲师，真正实现学生自我管理、自我教育、自我服务和自我发展的目标。此项目受到了学院领导的高度评价和全院师生的一致赞誉。它的产生体现了学生自治理念在实践道路上一个质的飞跃。

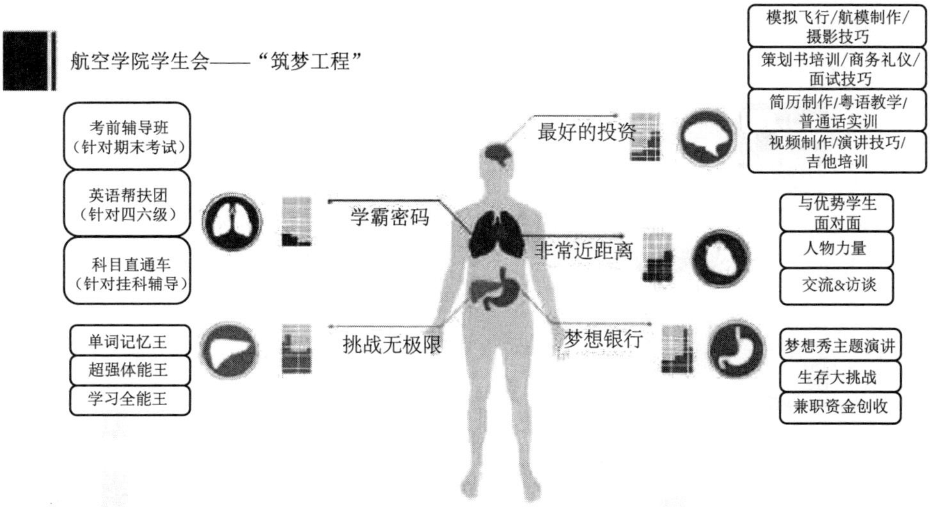

二、具体事例

（1）2014—2015 学年，航空学院学生会学习部举办了四期“筑梦工程”项目中的优秀毕业生交流会。以此来邀请航空学院的优秀毕业生回校，为学弟学妹传授学习经验及与其共同探讨在学习生活中遇到的困难并给出自己的解决方案。

（2）2015 年下半年，由航空学院学生会生活部举办的“非常近距离”，宣传部举办的“最好的投资”，学习部举办的“学霸密码”都得到了良好反响，真正意义上为同学们解决了学习和生活上的难题。“非常近距离”是优秀毕业生交流会的拓展项目，邀请的嘉宾不仅仅是已经毕业离校的优秀学长学姐，还包括了仍在校就读的优秀学子以及校外各专业领域的研究专家，近距离与受邀嘉宾交流，使同学们更容易发现自己身上的优缺点，塑造更好的自我。由宣传部举办的“最好的投资”，是一个全面培养我院应用型人才，提升我院学子综合实力，开阔我院学生视野，培养他们兴趣爱好的项目。“最好的投资”顾名思义就是为同学们量身定做的增值方案，提高同学们的各项技能并拓宽知识面。“学霸密码”包含了“考前辅导班”“英语帮扶团”和“科目直通车”等几个项目，旨在为同学们平日里有目的地进行学习活动，在考试前做知识的查漏补缺，系统地复习课本上的内容服务。

三、经过与做法

“筑梦工程”里的每一个活动都是有目标、有计划、有进展和有成效的。

（1）“优秀毕业生交流会”是一个工程浩大且烦琐的活动，为了取得好的效果，工作人员需要提前几个月与各位学长学姐联系，合理利用各位学长学姐的空余时间，力争邀请他们到校参加活动。同时还针对同学们对现阶段的学习生活做了详细的调查，了解同学们想要从学长学姐身上学到哪些方面的知识，再和学院老师领导交流了意见，最后从众多的优秀毕业生里邀请了现中航通飞珠海中航飞行学校展会主管张俊宇学长，正在留学的朱瑶学姐，现就职于珠海航空技术有限公司的陈聪学长，现就职于深圳至爱通航有限公司并任总经理助理兼市场部经理的陈其彬学长等优秀的毕业生，到校分享他们的学习经验并为同学们解答在学习上遇到的难题。

（2）“非常近距离”这个活动是一个有趣味性的活动，因为它不仅是邀请了在校的和已毕业的优秀学长学姐，同时还邀请了担任珠海市优势分析心理学研究所常务副所长、世界华人优势心理分析协会副会长兼专业委员会委员的程义盛教授，程教授为同学们讲授了一堂有趣的心理课，令同学们受益良多。我们先是和学院领导和学生会负责人针对这个活动询问了意见，最后由于这个活动具有很好的启示作用而一致通过。

（3）“最好的投资”是一个主要以提高学生综合素质为目的的活动，包括各项技能培训及各类赛事培训，例如，模拟飞行、航模制作、PS 技术、高级 Office 技术、摄影技巧、视频制作、策划书培训、演讲技巧、商务礼仪、面试技巧、简历制作、粤语教学、普通话实训、吉他培训等。前期我们进行了多媒体宣传，在微信公众号及时推送活动介绍、活动内容和网上报名方式，并在各班的微信群里进行了活动的宣传以及活动时间和地点的通知，深入挖掘并邀请航空学院的优秀学子来担任讲师，真正实现了学生自我管理、自我教育、自我服务和自我发展的目标。

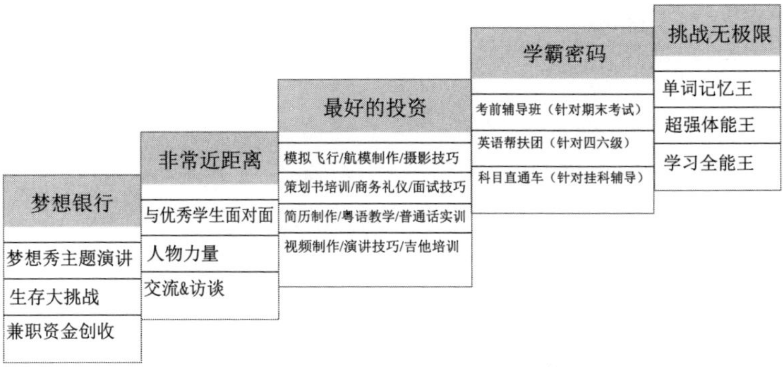

航空学院学生会——“筑梦工程”

（4）“学霸密码”是一个为了让同学们在考试前能把知识点串联起来，综合复习一学期所学内容的活动。为了了解到同学们的真实需要，我们先是在活动开展前对同学们进行走访，得到的调查结果经过各方面的探讨和商量后，再确定需要进行辅导的科目，然后通过微信公众号和 QQ 群平台进行宣传和支持同学们报名。随后把同学们组织到一个课室，邀请在该科目上取得优异成绩和具有一定指导能力的学长学姐，根据同学们反馈的信息进行全面的复习，对知识点进行全面的剖析。课后我们还会收集同学们对该辅导的方式是否适应等信息，同时针对他们提出的意见再进行改进，力争做到每一位同学都能真正受益，在考试里取得好成绩。同时在该科的考试出来之后，我们还会做跟踪调查，把握每一位报名参加“学霸密码”的同学的考试成绩。了解到他们的情况后，我们会第一时间反馈给学院老师，与老师们一起商讨。在一次一次的商讨与改进中，让“学霸密码”这个活动能取得更好的效果。

四、主要成效

“筑梦工程”这个完全由学生自治的项目，自实施以来深受同学们的欢迎。“筑梦工程”里的每个活动都取得了显著的效果，在学院内也取得了老师领导一致好评。“优秀毕业生交流会”让同学们与已毕业的学长学姐进行面对面的交流，为我们解疑释惑。“非常近距离”拓宽了同学们的知识面，同时学长学姐对同学们进行的指导，更是能为同学们指明方向，为同学们树立了榜样。在“最好的投资”活动中，我们成功开展了粤语班，因我院大部分学生对粤语十分陌生，在课堂上导师传授了许多日常粤语用语，并建立了粤语交流微信群，保证日后的粤语传授和交流。我们也发出了微信公众号编辑的教学推文，在推文上附件了详细的基础教学，也建立了微信公众号编辑群，我们可以在群里教导有疑问的同学。使同学们主动地去争取学习的机会，积极地推动自身发展。根据我们在辅导后的追踪调查的结果，“学霸密码”的辅导有喜人的成绩。对 2014 级进行的物理辅导中，接受辅导的同学通过率达到了 96.32%。在 2015 级进行的高数辅导中，接受辅导的同学通过率达到了 97%。“筑梦工程”不仅在同学们当中有了良好的口碑，还得到了学院老师与领导的高度评价。

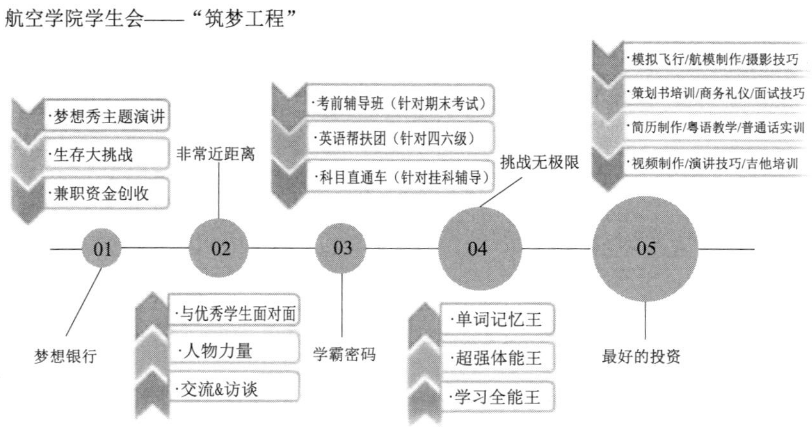

五、思考与启示

著名教育家陶行知先生曾说过"学生自治能适应学生需要"。学生自治是一种自我提升的方法，学生自治可以塑造更加健全的人格，同时更能使我们增强责任心和使命感。在活动中让学生体会、感悟了学生自治的内容，实行学生自治将会收获更多的书面上学不到的知识，这样的管理可谓是和风细雨且效果显著。所以，我们充分利用学院文化，用学生自治感染学生，努力做到每位同学都能体会到自治的重要性，打造一个人人自治的环境氛围。组织同学们参加活动，投身于自治的行列中来，大家以极大的热情参与了活动，并通过活动更加深入地了解什么是学生自治。接下来我们还会鼓励同学们实行自治，在自治管理中有所思考、有所发现和有所创造，促使他们不仅注重自身的利益，更要考虑到别人的利益、集体的利益。学生自治让学生自己管理自己，引导同学们参与管理，参与决策，参加到各项具有挑战性的实践中来，大大提高了同学们的自身素质。自治可以让同学们在充满交流合作机会的个体与群体交往中学会沟通、学会互助、学会分享，既能够尊重他人、理解他人、欣赏他人，同时也能使自己更好地得到他人的尊重、理解与欣赏。

学生主导下的"全民"外语角

◇实施单位：外国语学院　外语协会

一、历史发展、活动背景与特色

（一）历史发展

我院外国语学院外语协会举办外语角已有十多年的历史，一周一次的外语角活动至今已举办了数百期。每周三晚七点到八点半在学院固定场地进行。

外语角活动是全校各学院各专业学生及校外外语爱好者的校级活动。八年间，外语协会从一个成员构成均为外语学院学生的小型社团，发展到包含各个学院专业学生的大社团。随着协会不断发展壮大，协会以诚恳高效且富有创造力的风格深得学校师生的认可，多次主办外语类的校级比赛。随着外语角活动的发展，组织和管理的不断成熟，内容和形式的不断创新，外语角已经成为校内知名的学生活动。参加活动的人员也从以外院为主体发展到全校各学院以及校外组织的外语爱好者。在组织上，外语角的运作形式也从由外语协会主办发展成为外协主办班级承办。

（二）活动背景

针对目前经济全球化的大趋势，我国经济逐步走向世界，外语需求越来越明显，而大学生作为国家青年一代，肩负着全面建小康，共筑"中国梦"的伟大使命，在个人学习和外语水平的要求上也越来越高，而学生普遍存在着能写能听不能说的现象，这就导致了他们毕业后始终无法用外语和外国友人沟通交流，所以我们有必要在大学期间创造一个平台，锻炼学生口语、促进学生外语学习。

（三）活动特色

（1）完全实行学生自治。从活动的主题确定、宣传、嘉宾邀请，到现场组织都是由学生独立完成。

（2）活动覆盖范围广。外语角旨在为外语爱好者提供一个沟通交流的平台，参加者除来自我校各个学院专业教室的学生外，还包括外校人员、社会人员和外国友人，等等。

（3）实践与教学的完美结合。外语角一方面可以为参加者提供一个相互认识交流、扩大朋友圈的平台，另一方面使学生在运用外语进行沟通的过程中，口语水平得到提高。

（4）坚持与创新。每周一期，坚持八年共举办两百余期，仍保持着每一期都有不同的主题不同的海报设计的创新活动。

二、活动意义

外语角为外语爱好者提供最自由最轻松的外语实践平台，帮助学生找到学习外语的兴趣、找到自信、找到共同学习的伙伴。

同时也提供了一个学生和外教进行交流的平台，并提供给大家一个更好的外语交流、口语锻炼的机会，充分体现我校双语教学的特色，同时打造校园文化的又一亮点；为同学们的英语和日语学习营造轻松友好的交流氛围，帮助同学们走出“哑巴英语、日语”的困境。在这个平台上，学生学习外语，提高口语，认识朋友，真真正正做到了学习和生活的最佳结合。十多年来“外语角”的成功举办，让更多的同学亲临外语语言环境，外教的到场让同学们近距离地接触到本土外语，激发了他们开口说外语的兴趣。同时，外语角还丰富了学生的外语课外学习生活，增加了他们与外教面对面交流的实践经验，形成了良好的外语学习氛围。

在外语角，同学们各抒己见，积极主动地相互交流，不仅锻炼了口语水平，还促进了各院系以及外国语学院学生相互间的交流沟通。外语角一直以其多样的形式、鲜明的特色吸引着广大学生，充分调动同学们锻炼外语口语的积极性，让外语学习成为一件轻松有趣的事情。参加外语角，同学们对自己的口语进行不断的训练和打磨，可以给他们提供实现英（日）语口语质的飞跃的平台，完成蜕变，实现良性循环。

外语角的举办由外语协会统一进行组织安排，各年级班别轮流进行主题设定和现场组织，主题确定—海报宣传—邀请外教、教师—现场组织，整个流程均由学生独立完成，从真正意义上体现了学生高质量、高效率的自治实践。外语角活动实行的学生自治举办，学生在组织执行的过程中，组织、沟通、合作能力方面都得到了充分的锻炼和提高。学生之间的凝聚力也在共同合作的过程中进一步得到了增强。

三、高度学生自治的外语角

（一）管理自治

外语角的举办统一由外语协会牵头组织。利用外协现有的机制和成熟经验对整个活动进行统一管理。

（二）组织自治

活动举办，学生有高度的自治权利。学生通过组内商量讨论的形式确定主题、宣传方案、组织形式和嘉宾邀请等，指导教师均不会干预。

（三）宣传自治

推广外语角，全部是通过外语协会独有的微信公众号、微博以及外语角的专门外语爱好者 QQ 群。学生独立完成宣传海报的设计、张贴，以及媒体上的传播。

（四）思想自治

外语角是一个能充分发挥学生个人创造力的平台，指导老师只充当辅助性的角色。主题、宣传、组织等都由学生自行决定，出现问题也尽量要求学生自行思考解决。

四、外语角活动说明与流程

外语角不仅是外语协会团结协作的成果，也是与外国语学院各班级通力合作的结晶。外语角由外语协会主办，外院各个班级轮流承办。每期由外语协会学术部成员和该期负责外语角班级的全体同学提前一周半一同讨论、翻译该周

的主题并确定主题海报的想法和设计效果。承办班级的同学们围绕该周主题讨论决定出形式、内容，包括场地的分区布置（英语自由讨论区，与外教的深度交流区，与本土英语老师的英语话题沟通区，日语外教交流区，本土日语老师的自由讨论区，外语游戏区，等等），各区域人员安排，外语游戏内容，宣传人员安排（学校各大群和班级同学微博宣传等），与主题相关的外语知识资料准备。承办班级讨论出外语角的形式内容后，班级在外语角开始前一周拟订策划方案，策划方案交与外语协会学术部审查，与班级讨论出最终实施方案，承办班级班委和外语协会学术部成员一同制作与外语角主题相关的知识资料，监督外语角的举办。在确定主题和方案的同时设计部人员会根据确定的主题设计海报（每周设定不同的主题,由设计部独立完成设计印刷,在每次外语角前进行为期一周的张贴宣传，并通过外语协会独有的微信公众号以及微博进行全面宣传）。外语协会学术部成员和承办班级成员在外语角开始前一个小时左右布置现场，引导参加活动的同学，派发与主题相关的学习资料，维持现场秩序，并引导同学们到各区练习口语。

五、实际操作中的问题与解决方案

（一）场地限制的问题

解决方案：不断在校内寻找条件更加完备的新场地，并准备天气欠佳情况下外语角的预备场地。

除了每周三晚在校园的宽阔场地如荔枝园、校园正门喷水池空地、新轮滑场外，天气不佳的情况下也在图书馆、明德楼教室、学生第三饭堂活动中心和运动场看台下、弘毅楼一楼大厅举行过。本学期分析学校各处场地的利弊，并综合学生的意见后，选择了如下两个外语角场地。

近几周外语角天气良好时在新轮滑场举行,下雨时则改在弘毅楼一楼大厅。新轮滑场灯光明亮，场地宽阔，有同学们和老师们休息的地方，有宣传悬挂外语角横幅和主题荧光板的位置，新轮滑场为体育公园通向弘毅楼的必经之地，外语角热烈的外语聊天氛围也能吸引途经的同学参与其中。而天气欠佳时运动场看台下可以挡风避雨，从而确保外语角能每周定时举行。

（二）学生自治个人平均参与度不均的问题

解决方案：每周负责该周外语角的班级班干部进行班级同学外语角分工的详细安排并写入策划中。每周外语协会根据该周外语角的举办成果和各方面工作的实行效果，结合外院班级策划中的每位同学的工作安排，对班级同学进行评分。评分可以作为外院同学的学分加分标准。这种奖励制度可以激发同学们的积极性，增加参与度和解决学生自治个人平均参与度差异的问题。

（三）班级与协会如何密切沟通协作的问题

解决方案：外语协会和外院班级班干部定期开会，建立 QQ 群确保及时沟通。班级的工作由外语协会学术部及时进行电话通知。在外语角自治 QQ 群里，外语协会也会及时发布班级工作通知和总结班级的工作。

（四）外语角的形式完善问题

解决方案：积极加强对外交流合作。我校外语协会通过参加中山大学外语协会举办的外语角，学习制作了外语角主题资料传单发放给参加外语角的同学，并逐渐完善传单的内容。外语协会学术部干事定期轮流出席我校的外语角交流合作。目前外协外事部正在积极寻求外协与校外机构更进一步的合作，从而令外语角拥有更广更好的资源。

（五）外语角的现场秩序如何维持的问题

解决方案：外语协会学术部定期对干事进行培训，让干事学会外语角现场疏导人员和带领同学围圈进行话题讨论。外语角开场后，由外院承办班级同学进行开场主持，让同学们掌握一些当晚外语角主题的知识。外协干事和外院班级进行人员疏导和组织围成聊天圈。在外语角的每个聊天圈里都有学术部的干事和外院班级的同学进行圈内外语角话题的引导，从而保持了良好的现场秩序。

六、外语角的未来发展

外语角的举办将会继续与学校学院学生培养目标以及办学理念相匹配，为培养复合型应用型教学型人才继续谋求发展创新。继续加强与班级的合作沟通，努力围绕如何提高学生学习外语兴趣，鼓励学生积极开口用外语交流，提高学生口语实践能力而努力，共同办好每一期的外语角。提高外协每一个部门加强合作的能力，为外语角的组织和管理创造更好的内部条件。同时充分发挥班级班干部的带头作用，调动全班力量办好外语角，做好外语角各方面的工作。

加强交流合作，争取校外机构的外教及外国友人等其他有利于外语角活动的资源。扩大外语角的知名度，与其他高校外语角进行互相的交流与合作，取长补短，同时邀请校外机构或其他高校的同学参加我校外语角。

附件：

经典案例说明：外语角除了一周一次地与班级合作之外，也曾经与校外的语言培训学校和机构进行过以下的合作和交流。

一、2009 年 11 月 24 日周三晚七点整，由外国语学院外语协会主办、珠海苏豪英语培训中心承办的“SOHO Life”英语口语训练营活动在基础教学楼 D106 火热进行，担任本次活动的主讲是珠海苏豪英语培训中心创建人，留美华人 Ben。同学们以极大的热情参加了本次活动，在活动中各显风采，展现了我校学子积极向上的精神面貌。

二、2010 年 4 月 13 日晚七点整，由外国语学院和珠海苏豪英语培训中心主办、外国语学院团总支学生会外语协会承办的“SOHO 英语角”暨第五期“英语角”活动在教学楼 B104 顺利进行。担任本期“SOHO 英语角”活动的主讲为苏豪英语培训中心的英籍外教 Mr.Colin Ralphson，此外，莅临现场的嘉宾还有外教 Ian 和 Peter，在活动中，同学们的激情与热情点燃了整个会场，呈现一片“百家争鸣”的热烈景象。

三、2012 年 5 月 16 日晚七点到八点半在学生活动中心三楼，中美大学生外语角专场，TOPIC：Chinese Culture and American Culture。该期外语角邀请校外的很多来华美国大学生来参加。

四、2012 年 10 月 27 日外协学术部成员前往珠海香山公园参加由 Global Night 组织的外语角活动。出席本次活动的有珠海几所不同大学的学生以及 G-NITE 志愿者和外国友人，外语协会还邀请两位外国友人参加我们下一期外语角。

五、2012 年 11 月 17 日晚学术部成员出席位于珠海九州城星巴克附近的

Global Night 外语角。并在外语协会微博上接受全校学生报名一同前往 Global Night 外语角。

六、2012 年 12 月 24 日圣诞夜外语协会成员参加启德珠海在新华书店的美食外语角活动，并提前在微博上接受全校学生报名一同前往。

七、2013 年 3 月 27 日晚雅思经验交流特别版室内外语角，其中 JC204 为外语协会邀请的雅思考试获得高分的学生的经验分享专场。JC205、JC206 为正常的定话题外语角聊天区。

八、每一年的万圣节嘉年华。例如，2013 年 10 月 30 日，在北理珠音乐小镇二楼举行了 2013 年的万圣节 Party 特别版外语角。很多同学参加了万圣节 Party 外语角，吃了零食，玩了游戏，拿了各种万圣节小礼品，学习交流了万圣节的相关知识且自助化了各种万圣节妆。

作为北京理工大学珠海学院校园文化的一大品牌活动的外语角，在外国语学院领导和团总支的带领下，在北理珠外语协会 FLA 和外院所有班级的共同努力和全体学生的参与下将会越来越精彩！

会计与金融学院党员服务中心

◇实施单位：会计与金融学院　党总支

著名教育家陶行知先生说："学生自治是学生结起团体来，大家学习自己管理自己的手续。"而学生自治是学生个体或群体在学校的指导下，进行自我组织，自我管理，自我教育，自我服务，在一定范围内直接或间接参与学校事务性工作的机制，最终目的就是培养和提高学生的自治能力，从而使学生成为社会化的人才。

一、当前现状、问题和背景

随着我国高等教育事业的不断发展，高校招生规模不断扩大，高等教育事业也逐渐从精英化走向大众化。而大学阶段是学生实现社会化转型的关键时期。随着经济体制的改革，社会信息公开程度以及社会开放程度的提高，学生自主意识的逐渐增强，大学生自治已成为高等教育发展的重要方向。学生自治的兴起，培养了学生的各种能力，但是也出现了各种问题。其一，学生社团已经逐渐在高校现行管理环境中不断提升自己的自治水平。既然是学生共同自治，难免会出现学生社团与学校之间的利益冲突，以致破坏了良好的师生关系。其二，既然是学生组织，学生干部肯定会握有一定的权力，如果把握不当，就会有驾驭别人的情形。其三，学生有了自治的权力，就会有争论多，意见多的情况，如果未能处理好，可能会出现学生相

悖、社团对峙的局面。

二、产生和发展

为探索学生自治，发挥党员先锋模范作用，会计与金融学院大胆创新，成立会计与金融学院党员服务中心，旨在达成学院“育人教育”“养成教育”的目标，更好地服务学生。目前已经顺利举办了“今天我来上党课”“党性答辩”“毕业生捐书活动”“励志讲堂”“赤花山茶座”“阳光义教”等系列活动，学生群体反响较好，取得了一定的成效。

同时，通过会计与金融学院党员服务中心这一平台，结合了学生自治和学生党员的自我成长特点，切实发挥出先进性，锻炼了学生党员的组织管理能力、激发其对党的热爱，进而做到理论与实践相向而行。

三、活动概况

（1）迎新党员服务站。会计与金融学院党员服务站是以“迎新，党员在行动”为主题，旨在为师弟师妹服务，向他们介绍入党流程细则，引导贫困生申请绿色通道，收取党员档案袋等，真正地把为同学服务落到实处。

（2）为纪念建党 92 周年，会计与金融学院党员服务中心组织党员同志外出，寻访红色故居。加强学生党员党性修养和政治理论学习。

（3）励志讲堂。截至目前党员服务中心已筹划了六期励志讲堂。

第一期以“高举旗帜跟党走，青春托举中国梦”为主题，邀请优秀毕业生党员与同学们分享成长路上的励志与成功、目标与坚持、勤奋与快乐的点点滴滴。第二期励志讲堂活动中，重点突出“放歌十八大，青春励志行”的主题，营造积极向上的氛围，使在校学生党员能够得到熏陶，树立学习目标并为之努力。第三期在以“践行群众路线，榜样在我身边”为主题的励志讲堂活动中，由优秀毕业生党员分享在校期间和工作期间自强自立的成长历程，发挥学生党员的先锋模范作用。第四期在

“会计与金融学院校友论坛暨第四期励志讲堂”中，邀请了参与十年校庆归来的优秀毕业生带着对母校“感恩”之情，结合自己的经历，分享了他们的成功之道，从而鼓励同学们走出自我，彰显自我，成就自我。第五期励志讲堂成功举办了以“青春、梦想、正能量、志愿、公益”为主题的“我心向党”励志讲堂演讲比赛，通过分析优秀校友的成功经验，使同学们更加励志。第六期励志讲堂微话剧大赛以“弘扬五四精神，再现革命情怀”为主题，通过红色革命话剧的形式，让同学们切身体会革命先烈的崇高精神，从而更好地向革命先烈学习。本期活动打破了以往参与范围与形式的模式，参演人数达 50 人，含初赛、复赛、决赛，观众达 200 人，影响了全校师生。

（4）毕业生捐书活动。在毕业生离校之际，将所用过的书籍捐赠出来，留给其他年级重复使用，既保证了资源的不浪费，又能为师弟师妹献一份真情。这也是党员服务中心的一个特色活动，至今已成功举办了四次。毕业生捐书活动“捐一份书香，献一份真情”获得了极大反响，最新一期“会计与金融学院薪火，竹素相传” 招募了入党积极分子等志愿者一同加入，将赠送的书籍整理分类，在规定地方设置领书点，把收集的书籍赠送给有需要的同学。会计与金融学院党员服务中心在毕业生离校之际，为师兄师姐与师弟师妹们提供一个平台，让知识于此中传递开来。

（5）阳光义教。为充分发挥学生党员的先锋模范作用和强化服务意识，会计与金融学院党员服务中心一直坚持义教活动，利用课余时间，为许多孩子义务教学，献出自己的爱心。至今已举办五次义教活动，受到欢迎和支持。

（6）今天我来上党课。为更好地展现学生自治，会计与金融学院党员服务中心给学生党员提供了一个上党课的平台。党员积极申报讨论专题并精心准备，在指导老师的把关下组织试讲，最终确定党课讲师团，他们精心准备各类专题视频、资料，收集了大量翔实的图片。通过其生动活泼的课堂活动方式积极分子的党课学习积极性大大提高了。

（7）转正答辩会。在发展党员过程中，为使发展程序规范化，预备党员在预备期满后将接受转正答辩，答辩人员以 PPT 方式进行个人陈述和现场答辩，评委将对其在党的理论知识、党性修养、理想信念、日常表现等方面进行考察。

四、运行经过和做法

在励志讲堂活动中，第一届活动前期工作，我们主要是通过各个渠道与往届优秀毕业生党员取得联系，并且邀请他们返校为在校学生讲解他们的入党之路，以及分享其在校期间和工作期间自强自立的成长历程。与此同时，我们也邀请了 2012 学年获得国家奖学金的在校优秀学生党员与我们分享其学习和工作经验。这在一定程度上激发了学生党员的先进性，此活动具有长期性，是学生党员服务中心举办的第一个具有创新性的品牌活动，也为第二届励志讲堂打下基础。“弘扬五四精神，再现革命情怀” 第六届励志讲堂微话剧大赛在第五届创新模式——演讲比赛上实现了再创新，通过微话剧这种互动性极强的表演方式，让入党积极分子来展现当代大学生时尚、上进、激情的风采，活跃校园气氛，丰富学生生活，激发学生对革命先辈的热爱和崇敬之情，同时接受了党性教育，为全校师生重现了一段段艰巨而光荣的革命先辈奋斗史！

而在新生入学之时，设立迎新党员服务站，带领学生申请绿色通道、搜集入党资料以及介绍入党流程等。会计与金融学院党员服务中心在此迎新过程中发挥了很大的作用。在工作前期，制作各种宣传材料是我们工作的重中之重。从宣传栏到入党流程宣传册，每一份材料都体现出了党员的服务和自治精神。

在“今天我来上党课”、“转正答辩会”这两个活动中，学生自治更是体现得淋漓尽致。在第十三期党课上，学生开始能够走上讲台和大家一起分享他的心声。会计与金融学院党员服务中心进行讲师团的征集、党课试讲、讲师培训等前期准备工作，筛选出优秀的学生党员，最终确定讲师人选，分配党课课题，给第十三期上党课的学员们上党课，与学员们展开讨论交流。在第十四期党课中，会计与金融学院党员服务中心会继续践行党员的义务和使命，探索学生自治。而转正答辩会是会计与金融学院不久前试行的一个新制度，是指预备党员递交转正申请后，党支部采取答辩的形式，就转正对象的理想信念、党的基本知识、预备期内表现及其他有关问题做进一步考察。在此过程中，会计与金融学院党员服务中心主要以一个策划者的身份邀请学院领导，支部书记等人对各个拟发展对象进行认真考核。这些活动都体现了会计与金融学院党员服务中心“一切为了学生，为了学生的一切”这一宗旨，更体现了学生自治。

赤花山茶座活动中，学生党支部与党员服务中心的干部深入学生群体，广泛关注同学们关心的热切话题，搜索身边热点信息，对比与拟订学期计划，按话题的时效性进行排序。会计与金融学院学生党支部与党员服务中心践行党的群众路线，学生党员干部自主选题，自主策划，这样自我管理的模式使他们更加了解学生的需要。确定主题后，学生党支部与党员服务中心负责人通过自我管理的体系，制订活动策划书，进行微信公众号、专业 QQ 群等宣传活动，采购物资，邀请嘉宾，筛选学生群体作为观众，后期将活动中的内容写成新闻稿，发布于各个平台传递精神。最新几期更是走出学院，面向全校，邀请了校级嘉宾与同学们品茶论道，在交流中进行思想碰撞，为同学们提供了更高层次的平台。

五、绩效和亮点

活动举办之后，在学院引起了强烈的反响，取得了良好的成效，也得到了老师和同学们的一致好评，会计与金融学院党员服务中心也在 2013 年校园十佳评选中被评为学校“十佳社团”。在毕业生捐书活动中，效果更是显著，大四毕业生的书本不再丢弃浪费，而是通过会计与金融学院党员服务中心这个平台将这些知识延续下去，传给有需要的师弟师妹，这也是一种精神的传承。在迎新党员服务站上，我们提供了这样一个平台，让更多的学生及学生家长了解到入党的一些细则，最终也获得了学生及其家长的一致好评。从来上党课，到转正答辩会，都由学生一手策划一手完成——在切实服务学生的同时，更提高了他们自我管理、自我服务的意识。励志讲堂每期活动都响应党风建设的号召，突出不同的特点，通过不同的主题，体现不同时期的不同风格与形势。另外，突破以往的参与范围与形式，从主要面向本学院扩展到面向全学校，从主要以讲座形式向演讲、话剧形式转变。旨在通过特色的主题，加强师生党员思想教育，发扬党内民主，增强党员主体意识，促进师生党员健康成长。在第三届党员服务中心成员的努力下励志讲堂这一品牌活动被评为校级的学风建设类精品项目。赤花山茶座通过讨论、思辨、分享等形式更好地将全学院学生与党员服务中心连接起来，让学生党员把党员坚持走群众路线的要求落实到位，提高学生党员的自治管理能力，促进了会计与金融学院学生们的健康发展。后期更是面向全校邀请校级嘉宾与同学们品茶论道，为不同学院师生间搭建了一个交流沟通、思想交融的平台，极大地促进了学校师生间的教学相长。

六、思考和启示

在通过党性教育发扬党内民主，增强党员主体意识的同时，营造出一种积极向上的氛围，使得在校师生党员得到熏陶，从而达到了加强师生党员思想教育，发扬党内民主，增强党员主体意识，促进师生党员健康成长的效果。

今后，会计与金融学院党员服务中心将继续根据当前我院学生情况开展不同主题的活动，秉承“一切为了学生，为了学生的一切”这一宗旨，致力于探索学生自治，发挥党员先锋模范作用。通过提供一个增强师生党员主体意识、促进师生党员健康成长的平台和举办一系列主题活动可以引起学生对自身的思考,这也是一个思想教育和心理疏导的过程,在大大地激发出党内活力的同时，更体现了学生良好发展成才的精神风貌。

网学生精英，格自治之路——网格式学生自治管理

◇实施单位：商学院

一、项目背景

随着我国教育体制改革的深化，高等教育理念的运作方式已不同于以往，时代变革及由此引起的大学生思想观念行为方式的变化，使加强和改进大学生思想政治教育工作成为各所高校的重大课题。

高校是人才培养的高地，随着扩招与教育模式的转变及素质教育的进一步推进，高校的管理制度不得不跟随着时代的发展而发展。

学生是教育的主体，实施网格式学生自治管理模式，调动学生的力量，发挥学生在学生教育管理和服务中的主体能动性，能够有效地增强学生思想教育工作的针对性和时效性。推进班集体建设，促进学生的个性发展，不仅是学校老师教育的目的，而且是班级建设多角度、多层次、多选择、多途径、多方法的一项综合工程。只有给学生展示能力的机会和空间，才能使他们的能力得以发展,班级管理工作是他们展示自己能力、发挥聪明才智最具体最实在的舞台。让学生参与班级的管理，让他们尽情地发挥自己的聪明才智，才能使他们的综合素质得到更全面的发展。

提出学生工作网格化管理目的是引导各学院对学生管理工作机制进行梳理总结，建立健全规章制度，建立系统工作体系，从而进一步推动学生工作的重心下移，探索完善学生管理工作的内容和机制的规范化、制度化，提高学生工作效率。学生网格化管理的总体要求是做到科学化、精细化、人性化、常态化，其目标是既要做到清晰掌握学生相关的动态信息，又要形成制度和文化，做到制度健全，机制顺畅，落实到位。它要求相关职能部门和各学院要结合实际，

细化管理网格，厘清领导、辅导员、学生干部、学生等网格管理对象和责任主体的职责，积极探索科学的工作方法，切实提高管理的实际效果。

二、项目概要

（一）商学院网格式管理模式简介

商学院网格式学生自治管理模式始于 2012 年，其建立的宗旨是通过网格式的管理模式来实现学生自治，为学生营造一个“办公环境”，使学生通过日常学院事务的办理，为未来进入职场积累宝贵经验。

经过四年的建设，商学院网格式学生自治管理模式已经由最初的只负责学生日常工作发展为由学生助理团与学生自治中心两大模块组成的网格式结构，实现了“网格式管理”，即从点到线、从线到面，纵向监督、横向协同的立体化运作模式。

网格式模式根据工作内容进行分工，使得繁杂的学生工作得到分解，每一个部分由不同的自治部门负责，实施责任到人的管理方式，既提高了工作效率，又提高了工作质量。网格式的分工模式要求大学生更新观念，勇于创新，开辟新途径，这样便可以提高他们的自身素质尤其是实践运用能力。

（二）学院网格式学生自治管理模式

1. 网格式结构

商学院网格式学生自治管理模式的主要思路是将商学院的学生管理工作按照工作内容划分为不同的板块，挑选出优秀的学生干部作为每个板块的管理者和执行者，在工作中形成了学院、老师、班级、学生四大主体的协同办公网格，以服务学院学生为宗旨，在商学院学生工作办公室的统一指导下，组织开展一系列的学生活动，这极大地丰富了我院学生的课余生活，也使学生的综合素质得到了显著提升。

商学院的学生自治工作从大方面主要分为学生助理和学生自治中心两大板块，学生助理主要负责学院的学生党团工作、创业就业工作、日常学生事务、教务工作四个部分；学生自治中心主要为学院提供志愿者服务、管理学院学生宿舍以及为学院学生提供借书、用书服务。

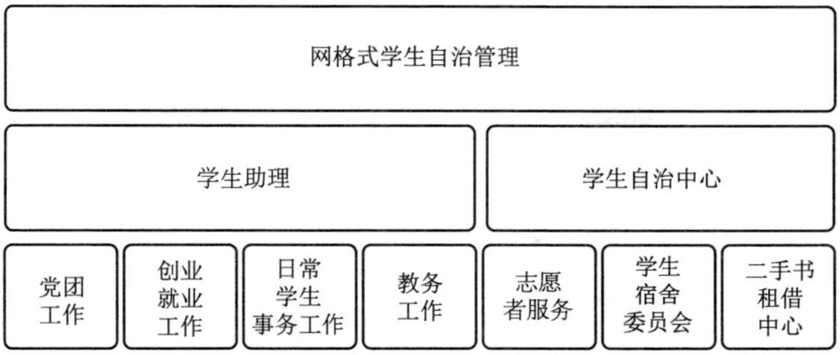

2. 网格式模式分工

（1）学生助理团。

① 党团工作。

党务工作由学院党总支负责，学生助理进行协助，主要工作为：学生的入党动员、入党资格审核、入党申请书的填写指导、入党积极分子的评选、积极分子思想汇报的批阅、党的理论学习、党的路线方针落实、重点培养对象的确定、预备党员转正，以及团组织推优、开展团日活动，等等。

② 创业就业工作。

创业就业工作主要包括毕业生的毕业、就业相关工作、毕业生就业跟踪调查、用人单位反馈调查、学院就业指导课程开设、学院招聘会、企业宣讲会以及校友会等工作。协助学院完成就业评估工作，毕业生就业指导工作，在校生职业生涯规划指导工作，招聘会、企业宣讲会组织工作，校友联系及校友会活动的组织工作。

围绕大学生创业就业的需要，引导大学生树立正确的就业观念，提升他们的就业及创业能力，进而以培训为基础，扶持政策和就业服务相结合，推动大学生创业带动就业工作。组织开展我院毕业生就业创业先进事迹宣讲活动，树立我院毕业生就业创业的先进典型，发挥典型的示范激励作用。重视大学生社会实践工作，丰富和充实社会实践活动的形式和内容，把社会实践作为促进我院毕业就业创业的重要阵地，积极开展就业见习、专业实习、创业模拟和挂职锻炼等社会实践活动，增长学生见识，增加参与机会，增进社会认同。加强假期社会实践指导作用，引导我院大学生结合社会需求和就业创业需要开展有目的性的社会实践活动。依托大学生社会实践平台，加强我院大学生与就业市场或社会各行各业的密切联系。

③ 日常学生事务工作。

在学生日常事务性工作管理部分则建立了学生助理值班制度，在工作日上班的每个时间段均有学生助理在学生工作办公室进行值班，为学院学生提供日常事务工作服务。配合辅导员负责学生思想政治教育和学生稳定工作；积极做好学生行政管理工作。包括学生注册、学生奖惩、勤工助学、助学贷款、学费减免、毕业生教育、毕业鉴定、毕业派遣、档案整理、宿舍卫生、课外锻炼、学生军训、学生保险、学生工作文件的接收，以及登录、传阅、督办、归档等工作；积极配合辅导员开展新生入学教育和毕业生就业指导工作，构建学院学生工作对学生学习、生活、就业等的服务体系；配合辅导员做好各级各类学生干部的选拔、培养工作，加强学生学风、班风、校风建设；认真做好学院党政和相关部门交办的各项学生工作。

④ 教务工作。

教务工作则包括教务管理及学生考证管理两大部分，教务管理主要是学院的课程安排、课程调整、教学计划、实践安排、免修重修、学分认定、学生成绩、教学考评和教材管理等方面的工作。学生考证则包括大学英语四六级考试；全国计算机等级考试；职业技能证书考试等考试的报名、通知、培训，以及考证信息的发布，方便学生在完成专业课程学习之余可以考取更多的专业技能证书，全面提升学生的综合能力。

（2）学生自治中心。

① 志愿者服务。

志愿者服务是由学院自强社牵头，团学会协办，商学院开展的各种形式的志愿者服务活动，通过清扫教室，维持交通秩序服务全校师生，并获得公益积分。随着大学生志愿者服务的主动性和广泛性得到落实，大学生志愿服务队伍日益壮大，志愿服务时间迅速增长。我院通过加强组织管理体系建设以及积极建设志愿者激励机制两个措施来为大学生志愿服务的发展保驾护航，大学生志愿者要通过树立正确的价值观、积极参加定期培训、探索新的服务方式等来提高自身的服务水平，从而推动我院的志愿服务事业。

② 学生宿舍委员会。

学生宿舍委员会主要负责对商学院学生宿舍的管理，进行定期的检查走访，一方面从学生角度深入了解学生宿舍存在的问题，提供必要的帮助。帮助学院及时了解学生宿舍内部情况，减少学生宿舍矛盾等问题的出现；另一方面对学生宿舍进行检查，保证学生宿舍的卫生清洁情况，杜绝学生在宿舍使用大功率电器，等等。

③ 二手书租借中心。

二手书租借中心是以公益为理念，以环保为主题，以服务学生为己任的非营利性组织，运营期间所得利润用于运营需求以及公益。不仅为全校学生提供二手书租借平台，使得课本得以循环利用，减少了浪费，更在学生中宣传了勤俭、环保、公益的发展理念。

④ 学生自治中心微信公众平台。

通过建立学生自治中心微信公众平台，主要发布学院各阶段通知公告；协助学院办理开具学生证遗失证明、调换宿舍证明等学生事务；对学院每学期的奖学金助学金和评优名单进行公示；安排学生助理对公众平台上学生日常问题进行在线答疑。

三、学生自治管理方面的工作成效

自商学院成立以来，在建立学生网格式自治管理模式的过程中不断探索与改进，多方听取学生的意见，以学生乐于接受的形式来开展学生自治活动，真正考虑到了学生的需求，参与的学生既是管理者也是受众者，既有被管理者的需求，又考虑到了管理者制定规定的目的与意义，因此，商学院学生网格式自治管理工作模式虽然建立的时间较短，却取得了较为明显的成效。

在学生助理工作方面,学生助理的工作得到了学院学生的一致认可,现在,学院学生在学习上、生活上出现问题,都会主动联系学生助理,咨询学生助理,由学生助理协助解决问题，在无法解决的情况下才联系老师，在学生中建立了较好的自治管理工作者形象,同时也吸引了众多学生争取加入学生助理工作团队。

在学生自治中心方面，自治中心开展的一系列活动得到了全校学生的大力支持，二手书项目更是走出学院，服务全校学生。学生宿舍委员会对学生宿舍的有效管理也使得负责学生工作的老师能够更加及时、全面地了解学生宿舍方面的总体情况和存在的问题，并及时解决。在建立网格式学生自治管理模式之后，将更多的学生管理工作交由学生去完成，一方面使得学生更理解学院的一些管理措施，更好地配合学院完成学生管理工作；另一方面也解放了负责学生工作的老师，减少了负责学生工作的老师繁杂琐碎的工作，使得他们将更多的精力放在学生问题身上，关注学生工作中存在的问题，更好地完成学生工作。

在学生能力培养方面，商学院网格式学生自治管理模式的宗旨之一就是在实现学生自治的同时培养学生的能力。在网格式模式建立的过程中，商学院建立了学生助理值班模式，在工作日上班的每个时间段均有学生助理在学生工作办公室进行值班，与老师一起工作，为学院学生提供日常事务服务。学生值班制度的建立既是学生自治的一个方面，也为学生模拟了一个管理实验室，使他们提前感受职场工作氛围，在真实工作中学会如何处理问题、如何待人接物、如何处理人际关系，提高了学生的综合素质。

四、学生自治管理的项目特色

商学院网格式学生自治工作最大的特色是通过网格式的管理模式实现学生自治的同时，为学生建立一个模拟实验室，通过真实的工作经验，提前进入职场实习演练。一年多时间以来，商学院在建立学生网格式自治管理模式的过程中不断探索与改进，多方听取学生的意见，以学生乐于接受的形式来开展学生自治活动，真正考虑到了学生的需求。参与的管理者也是受众者，他们既有被管理者的需求，又考虑到了管理者制定规定的目的。

五、商学院网格式学生自治管理工作展望

商学院网格式学生自治管理工作在建立之后虽然取得了较为明显的成效，但是还存在一定的不足，在学生管理者的承接方面还需要不断提高，避免断层情况的出现，加强学生自治管理者的技能培训，使得网格式学生自治工作管理的模式能够不断地完善发展，培养出更多优秀的学生管理者，吸引更多的学生加入学生自治管理队伍。

加强部门的制度建设，提高干部与干事的工作效能，用理论指导实践，在实践中总结经验，实现“两个坚持”：一是坚持把德育放在首位，努力提高广大青年学生的政治理论水平和思想道德修养；二是坚持科学发展，不断加强和完善学生会自身建设。

我院开展育人工作的中心任务，就是要在院党委的领导下，充分发挥学生组织先进性与群众性相统一的独特优势，始终坚持用党的思想理论教育青年学生，要以理想信念教育为核心，突出抓好爱国主义、社会主义和集体主义教育。加强国情教育，提高广大同学的思想道德修养，使广大同学进一步增强民族自

尊心和自信心、自豪感，树立远大的理想和正确的人生观，为实现中国梦刻苦学习，奋发成才。

重在培养，合理使用，不断提高学生干部的工作水平。随着我院办学规模不断扩大，学生人数不断增多，办学层次不断提高，学生工作的难度也随之不断加大，学生干部队伍的建设更显得越来越重要。因此，要加强学生干部理论和业务学习，组织参观学习、召开经验交流会等各种形式的活动来提高学生干部的综合素质，使学生干部具有较好的口头与书面表达、组织管理、应变、交际和协调等能力。通过各种活动的开展，使一批“政治强、品德优，能力强、学习优”的“双强双优”型的学生干部脱颖而出，为做好我院学生管理工作打下坚实的组织基础。

内强素质，外树形象，着力“三个加强”——加强学生会的服务和管理职能，加强学生的桥梁作用，加强对学生的正面宣传力度。

学生工作由“活动型”向“服务型”转变。学生工作的好坏关键在于是否切实地为学生服务，想学生之所想，急学生之所急。学生的工作性质不应只是活动型，而应是服务型，不是“学生服务活动”而是“活动服务学生”。要以服务见真情，以真情求支持，以支持求发展。

学生的管理模式由“停留上层”向“重心下移”转变。在加强学生自身建设的同时，逐步完善基层学生组织建设，按照“经验要在基层创，典型要在基层树”的指导思想，把管理运作的重心下移，加强对各学生工作的指导，促使学生的管理工作进一步规范化。

学生干部要贯彻“群众路线”——从同学中来，到同学中去，为同学们服务，而不是摆架子，讲空话。学生干部的工作应旨在“如实反映学生心声，竭力维护学生的正当权益”。学生干部应主动深入学生当中，通过各种座谈、问卷调查以及网络信息等形式，广泛收集同学们的意见和建议，并争取及时解决，让同学们感受到实实在在的服务。

对学生干部的选拔任用、考核评优等，要加大宣传力度，加强学生工作的透明度，做到公平公正公开，确保同学们的知情权；对制度的修订和实施、活动的策划和开展等，应广泛征求同学们的意见，鼓励更多的同学积极参与到学生会的各项工作中来。

要进一步规范网站、宣传栏、宣传横幅的管理，对学生的长短期工作目标规划、各项制度规定等进行定期宣传，让广大同学更好地了解学生会的运作，提高学生会的知名度，树立学生会的良好形象。

积极开拓对外交流与合作的渠道，通过“走出去，请进来”的办法，学习借鉴别人的工作经验，不断探索新的工作思路，推动我院学生会工作不断向前发展。

附：网格式学生自治团队组织机构

助理团　　商学院　　团学会

职业发展协会　　协会自强社

大学生事务中心学生自治案例概要

◇实施单位：校大学生事务中心

一、背景与问题

大学生事务中心是面向学生，旨在解决和学生相关的事务性工作而建设的“一站式”学生服务基地。设立大学生事务中心旨在培养学生的自我服务意识和自我管理的能力，同时为学生提供一个集中办理事务的场所，提高各部门工作人员服务水平、办事效率和学生满意度。

在建立大学生事务中心之前，我校存在以下几个问题。

（1）很多学生在生活、学习等方面的事务性工作大都依赖于辅导员，缺乏自理能力和自理意识，并不主动去关注学校的通知和规定，一切等待辅导员或老师的传达，逐渐养成了一种“坐享其成”的依赖习惯，辅导员也被错误地定位为保姆式辅导员。

（2）由于学校各部门的职能不同，所以办公位置的设置也有所不同，各部门大多零散分布在校园各处，学生办理业务不免要来回奔波，这样既不利于提高学校的办事效率，也不利于节省学生的时间。

（3）现代信息技术正在快速发展，各种信息大量发布，学生接收渠道的日益多样化，有时难免会让学生产生信息刷屏感觉，无法快速、便捷地得到真正关系自身的信息。

（4）学生的意见、建议没有统一的收集反馈平台，也就无法顺畅地参与到学校的管理，学校的决策更无法充分体现学生的意志。

这些问题产生的原因除了学生长期形成的理念习惯问题外，也有因学校客观办公条件限制的因素。学校虽然一直在努力规范各项管理规定和制度，提高服务水平，但还是避免不了学生对学校提供的服务产生很多误解。例如，部分学生经常不留意学校发布的重要通知，错过办理日期后把责任推卸到学校和辅导员身上，这种就是典型的学生理念问题，也是学生在无形中形成的“等、靠、要”依赖习惯；学生办理具体事务如果关联多个部门，就得奔波多处，如找学工处需到学生活动中心、找后勤需到综合服务楼、找教务处需到行政楼、校园卡充值需到教师公寓……学生办理事情耗时较多，寻找对应的办事地点也相对较难，甚至会出现一个部门要往返多次的现象。为解决以上问题，实现学生自治，学校拟成立大学生事务中心。

二、创立与发展

为推动我校大学生事务中心的建设，学习先进的经验，2013 年 4 月中下旬我们走访了我国中东部地区的五所高校，高校类型涉及教育部直属“985”和“211”院校——中南大学，省属重点本科院校——山东理工大学，独立学院——宁波大学科学技术学院、浙江万里学院，民办高校——湖南涉外经济学院。调研团队针对事务中心运行模式、运行效果、人员构成、管理机制、场地及硬件配备等问题与上述高校进行了广泛交流。

经过实地考察和参考大量资料，我们确立了大学生事务中心是面向学生，旨在解决和学生相关的事务性工作而建设的“一站式”学生服务基地的基本定位。设立大学生事务中心的目的就是为学生提供一个集中办理事务的场所，提高各部门工作人员服务水平、办事效率和学生满意度。

2013 年 9 月，大学生事务中心正式成立。中心设立多个服务窗口，为学生提供学生资助、评奖评优、学费收缴、考试报名、户政业务、宿舍管理、校园卡务、其他咨询等“一站式”便捷服务，诸多繁杂的事务都能在这里得到解决，为学生在校学习、生活提供了很大便利。

三、运行机制

（一）成立大学生事务中心协调机构

成立大学生事务中心办公室（以下简称“办公室”），由主管副校长任主任，学生工作处处长任副主任，各进驻单位负责人任成员。办公室设在学生工作处。

办公室主要职责是：审定大学生事务中心进驻的部门及项目；审定各进驻项目的服务时间；制订大学生事务中心考核方案；组织实施大学生事务中心的

人员考核；协调进驻部门之间的关联业务等。

（二）工作范围

1. 服务平台

中心大厅设立事务办理、信息咨询等多个服务窗口，为学生提供学生资助、学习指导、就业咨询、宿舍调换、学籍变更、户籍业务、社团服务、其他事宜等“一站式”便捷服务，诸多繁杂的事务都能在这里得到解决，即使一些学生事务无法通过“一站式”解决，也可通过有效指引快速办理，为学生在校学习、生活提供了很大便利。具体包括以下五种服务项目。

（1）学生事务服务：学生证、校徽、火车票优惠卡等证件办理；退学、休学、复学、转学学生手续的办理；学生户口簿、身份证、护照、港澳通行证、居住证、流动人口证、计划生育证明等咨询与办理；大学生社保、商业保险咨询与理赔；奖学金、助学金、助学贷款、勤工助学、毕业生入伍学费补偿手续的办理。

（2）教学事务服务：学生学籍查询、证明；毕业证（毕业证明书）、学位证（学位证明书）办理；学籍管理；转专业手续办理及其学籍管理；考试管理和服务；英语等级考试、计算机等级考试等各类等级考试的管理与服务。

（3）生活后勤服务：物业维修登记受理；校园卡办理、查询、挂失、补卡、充值、退卡。

（4）党、团事务服务：大型活动申请、审批；党团关系转接，各种相关证明的开具。

（5）各种培训服务：学车咨询、理论考试预约；职业技能报名、培训、取证咨询、投诉受理。

2. 维权平台

中心是学生与学校各部门沟通的桥梁，是一个学生建议和意见的集散地。通过大厅留言、来访座谈及事务办理窗口意见反馈等渠道汇集学生建议，并及时送达各相关部门，便于改进各部门工作作风，提高工作效率。这些措施都很好地促进了学生困难的解决和合理需求的满足，增强了学生的获得感和主人翁意识。

3. 信息发布平台

中心是一个校园信息的聚散区，办公室应收集校园内外与学生息息相关的学习、生活服务类信息在事务中心发布，学生可以通过权威的窗口了解校园最全面和最新的信息，有效解决学生面对不同信息发布平台而顾此失彼的尴尬，这样学生获取信息的方式就变得权威、有效、可靠。

4. 勤工助学平台

在中心设置适量的勤工助学岗位，缓解工作人员不足的矛盾。勤工助学学生主要承担资料接收整理、咨询服务、维持秩序等辅助性工作。在场地允许的情况下，开设咖啡休闲茶座、书吧等经营实体，由学生自主经营，以提高事务中心的整体舒适度，使之成为学生愿意去、经常去的办事和学习场所。

（三）工作模式

（1）中心实行首问负责制。

（2）五个平台：即业务办理、维权献策、信息发布、咨询指引以及学生团队运作。

（3）校内办事流程咨询。进驻单位的窗口服务人员负责本部门其他相关业务办理流程的咨询。

（4）窗口业务办理咨询。中心设置总咨询台和大堂经理，由勤工助学学生负责各窗口业务办理引导。

（5）其他学生事务咨询。未进驻中心的部门及各专业学院相关学生事务可以通过在大厅设立临时咨询点、发放宣传资料等方式让学生知晓办理流程。

（6）中心设立众多服务窗口，由进驻单位指派固定业务人员在服务窗口现场办公。办公室配备相关勤工助学学生辅助各窗口进行业务办理。

（7）进驻单位的窗口业务原则上不再在原单位办理。

（8）原则上可以直接面对学生的事务均应进驻中心，开设窗口。进驻时间长短应根据业务量由办公室确定。

（9）原则上各部门办事流程不发生改变。如有需要，应由办公室牵头开展业务流程重组。

（10）学生满意度应作为考核的重要指标。常驻窗口工作人员关系归属原单位，但实行双重考核，由派出单位和中心分别考核。中心根据业务完成情况进行绩效管理，业务工作引入反馈机制。

（11）中心的整体保洁工作由自强社来进行公益性管理维护。由学生自己组织保洁工作，纳入公益范畴，这样，既可培养学生的志愿服务意识，也可使事务中心的工作到后期维护都有学生参与其中，真正做到学生自我组织、自我管理、自我教育、自我服务。

大学生事务中心的建立改变了我校传统的管理模式，结合学校大学生自治管理理念，通过“一站式”服务构建起一个集教育、管理、服务于一体的新的学生工作格局。

四、成效与亮点

成立大学生事务中心后，取得了以下主要成效。

成效一：通过“一站式”业务办理模式，学生成为业务办理的主体，不再事事依赖辅导员，这种“断奶”举措促使学生通过自我服务独立办理事务，从被动式转为主动式，主动关注学校通知、制度，从而提高了自我管理能力。

成效二：大学生事务中心是主要业务的办理基地，加之自助项目、咨询指引平台的作用，使学生比较容易独立完成业务办理，不再满校跑、不再各处问，辅导员不再沦为事无巨细的“万事通”。同时大学生事务中心环境优雅，设施齐全，学生不仅可以办理业务，还可以在这里进行学习交流，每周六晚免费放映由学生投票选定的电影，日常的维护也全部由学生志愿者完成，大学生事务中心俨然成了“学生之家”。

成效三：大学生事务中心的“信息超市”功能。以往通知发布如快递员上门送货，业务部门是供货商，辅导员是快递员，学生是住户，学生习惯了快递员送货上门。现在的大学生事务中心如同一个超市，业务部门的信息放在平台上，学生逛超市，有需要就主动取，这就会使快递员（辅导员）有更多的时间去调研市场，为学生提升其他优质服务。

成效四：大学生事务中心维权献策平台联结了学校与学生，通过意见收集定期反馈机制和面对面座谈机制，更有效地将学生的意志体现到学校的日常管理中。

具有“一站式”服务的大学生事务中心满足了学生的需求，促进了学校的发展。中心不仅为学生提供了一个集中办理事务的地方，同时也为学生提供了一个可以了解到所有关系到自身信息的信息传播平台。大学生事务中心的建立，标志着我校找到一种适合校内学生事务管理服务的模式。切实强化服务育人的意识，优化服务育人的环境，提高服务育人的能力和水平，是现阶段学生工作中的一个重要突破口。在这方面，大学生事务中心通过学生自我管理、自我服务的模式取得了显著的成绩。

大学生事务中心具有以下特色和亮点：

（1）敞开式服务。中心的工作人员坚持“以人为本，学生第一”的工作原则，热情接待每一名学生，坚持有问必答，做到了认真、准确、规范。

（2）“一站式”受理。打破原有的各单位分门别类的“板块式”服务，将原先数个部门的工作合并到一起，在同一地点办公，部门间没有了自然的壁垒，形成网络化的“大学工”格局，简化了办事程序，节省了业务成本，提高了学生管理服务效率和满意度。

（3）学生服务学生。工作人员除个别负责老师外，主要聘用学生助理，通过学生服务学生的方式，实现了学生自我组织、自我管理、自我教育、自我服务。

（4）直接面向学生。大学生事务中心将全校学生事务性通知通过专门平台直接面向学生发布，减少了中间传达环节，有利于培养学生“自己的事情自己看、自己办”的意识，促使他们主动关注学校通知资讯，从而实现了在通知资讯上的“一站式”服务。

（5）提供学习交流平台。大学生事务中心除了配备免费 WiFi、学习桌、学习椅外，为了营造浓厚的学习氛围，还在大厅设置了一个小图书馆，包含政治、经济、文化、哲学等类型的图书共 86 本。除了办理日常事务外，也为学生提供了学习交流的条件。

（6）环境幽雅。大学生事务中心不仅有配套使用的取号系统，还专门设有等待区域，减轻了学生长时间排队的等待之苦，提高了事务办理过程的满意度。

在运行的这段时间里，学生对学校提供的服务满意度较高。中心平均每天办理业务量达 1 500 人次，仅周一的业务量就达到 2 500 多人次。

五、思考与启示

学生自治是学生个体或群体在学校的指导下，进行自我组织、自我管理、自我教育、自我服务，在一定范围内参与学校事务管理和决策的机制。自治不是单纯由学生独立完成某项工作，而是要在全校范围内培养学生的自我服务意识，锻炼自我管理的能力，形成学生自治氛围。大学生事务中心不仅是培养学生自我服务意识，锻炼自我管理能力的平台，而且它的服务理念、服务模式、内部学生团队运作都是学生自治理念的充分体现。在日常管理的过程中，让学生慢慢减少对辅导员的依赖，使之在思想上意识到我的事情该我做主，我的事情该我负责，辅导员也可从繁重的事务性工作中解脱出来，做好学生的人生指导的角色。同时，学校各单位应继续创造条件、做好宣传、加强指导，想方设法地提高学生的参与面，深入推进学生自治，增强其自治能力。

心映阳光计划

◇实施单位：新长城北京理工大学珠海学院自强社

一、项目背景、问题和现状

“心映阳光计划”是我校学生资助管理中心指导下的“资助育人”系列活动之一，于 2013 年 4 月开始实施。旨在弘扬学生自立自强精神，培养学生诚信感恩意识，营造讲诚信、重信誉的校园文化氛围。该计划为在校大学生提供了广阔的公益平台，通过组织丰富多彩的爱心公益活动，让学生培养服务他人的奉献精神，锻炼坚强的意志品质，全方位提升自身素质。“心映阳光计划”主要由我校学生社团——新长城北京理工大学珠海学院自强社承办，通过学生社团管理的方式，引导学生主动投身学校建设之中，逐步培养学生自我组织、自我管理、自我服务、自我教育的自治能力，从而更好地关怀和帮助家庭经济困难的学生群体。“心映阳光计划”从学生入学到毕业都关怀如一，在“暖在入学，赢在校园，助在毕业”三个阶段开展具有特色的学生活动。

目前，“心映阳光计划”已经成为我校优秀校园文化建设中的品牌项目，在资助育人方面取得了很好的成效，与学校开展的奖、助、贷、补、免、减系列经济资助政策形成了良好的互补效果。

二、项目的产生和发展

学校明确了为学生核心利益服务的工作方向，教学工作和学生工作都必须为学生的核心利益服务。在学生工作方面打造友善的校园文化氛围，给予全校学生特别是家庭经济困难学生关怀和帮助，让他们感受来自校园的温暖，这是为学生服务的一种体现。特别是在学生资助工作上，经济资助有明确的考核指标，而学生的励志成才教育作为学生资助工作中另一个重点却无法量化考核，因此在这个工作中有些学校往往不太重视，“心映阳光计划”是我校对学生进行精神武装的一项励志成才工作。恰逢我校推行学生自治工作理念，“心映阳光计划”紧扣学校育人方针，以育人为目的，以学生自治为手段，有效地在北理校园开展。随着时间的推移，“心映阳光计划”不但让受助生受益，参与策划、组织和管理的学生也得到了锻炼。

三、“心映阳光计划”具体事例

“心映阳光计划”主要由我校学生社团新长城北京理工大学珠海学院自强社承办。自强社的主要成员是家庭经济困难的学生，通过组织参与“心映阳光计划”活动，使他们在实践活动中提高综合能力，同时在活动中感受集体的温馨和关怀，找到自信。“心映阳光计划”从“暖在入学”“赢在校园”“助在毕业”三个方面给予学生关怀。

（一）暖在入学

新入学的大一新生对大学生活充满向往。大学生活是多姿多彩、温暖如春的，又是充满挑战、独立自主和积淀成长的。他们憧憬许久的缤纷多彩的青春画卷将在这里展开，为协助新生更好地适应大学生活，“心映阳光计划”在新生入学时，即通过各项活动的开展，给予新生最温暖、最亲切的关怀。

一方面，鼓励在校生参加迎新志愿活动。帮助新生办理入学的手续，从校外的迎接到校内的注册，直至圆满地把新生送到学生宿舍。通过这样的活动为新生树立乐于助人的榜样，增强同学们的奉献意识，同时对辛苦的迎新志愿者们爱心公益积分进行记录。

另一方面，举办家庭经济困难学生“中秋茶话会”。邀请学校领导、优秀学生代表与新进校的家庭经济困难学生一同参加，师生共聚一堂，通过直接的交流让他们对大学生活形成初步认识，并感受大学给予的关怀。

（二）赢在校园

学生在校期间，“心映阳光计划”主要通过“爱心公益积分制”和“朗山公益”以及其他辅助活动为在校学生提供爱心公益活动服务平台，鼓励在校生投身公益、服务校园，引领学生增强服务社会的责任感，培养自立、自强的精神和诚信感恩的情怀。

1. 爱心公益积分制

爱心公益积分制通过以爱心公益积分的形式对学生参与爱心公益活动情况进行系统的记录、跟踪和管理，学生获得的爱心公益积分纳入综合测评分，作为评选国家奖学金、国家励志奖学金、国家助学金、解除处分等方面的考量依据，以此鼓励在校生踊跃参与公益活动。爱心公益积分制作为我校学生资助管理的一项品牌活动，采用激励学生投身公益的形式服务于资助育人的新渠道，是对学生能力的锻炼和精神的武装。学生公益社团可以作为公益活动的组织方，搭建广阔的公益平台，学生社团干部在参与策划、组织公益活动的过程中锻炼自己的策划能力、组织能力、现场执行能力。在校生可以借助这个公益平台参与爱心公益活动，在公益活动实践中奉献爱心、服务社会、提升自我。在爱心公益积分卡制度管理下，2013—2014 学年参与到公益活动中的学生约有 36 000 人次；2014—2015 学年参与到公益活动中的学生约有 45 000 人次，按照目前的数据保守估算，2015—2016 学年参与到公益活动中的学生将有 55 000 人次。爱心公益积分制让每一个想参加公益的学生都能找到投身公益的机会，让更多的在校生可以走出宿舍，走到校园，甚至走到社会，在公益活动中提高自我修养，提升自我能力。

在“爱心公益积分制”感召下，我校涌现出很多优秀的公益活动，如“交通指引”，志愿者利用课余时间在校园当起了“小交警”，维持校园交通秩序；“课桌文明”，组织学生对课桌进行清洁清洗，保持教室洁净；“图书馆志愿者服务”，帮助图书馆管理员进行图书管理和图书馆藏编排；“唐家湾轻轨站微笑服务”，在唐家湾轻轨站帮助有需要的旅客提行李和进行站点指引；“大学生事务中心日常维护工作”，实现学生自我组织、自我管理、自我服务；“小红帽”诚信还贷单车游园活动，用环保形式宣传诚信感恩理念；“毕业季、值得一提”毕业送活动，送别应届毕业生。

2. 朗山公益项目

朗山公益项目是一个学生公益创业类项目，它的创意来自高度发达的电子商务与人们对方便、快捷的草根公益平台的需求。朗山公益利用淘宝平台、微店、腾讯公益建设公益店，主要推出中国扶贫基金会旗下的“善行 100”“爱心包裹”以及在校大学生二手商品义卖、手工艺品义卖、全新商品义卖、一对一帮扶、发起网上募捐等项目。实现资助与义工相结合，电子商务与公益事业相结合，义捐与义卖相结合，线上网店与线下实体店相结合，公益事业跟学生德育教育相结合。朗山公益让公益变得方便、快捷，其收益用于扶贫助学，自强社的学生在组织公益的同时实现自我教育、自我锻炼、自我提高。朗山公益项目在校园内通过学生社团来组织管理，利用社团自身影响力让更多人投身其中，组织者本人可以通过组织公益活动锻炼自我，提高能力，其他在校学生可以得到一个简便、快捷的投身公益的平台，家庭经济困难的学生，可以得到经济资助。朗山公益是一个具有创新意义的公益项目，充分把握高度发达的互联网和电子商务，为每一个有爱心的同学提供方便、快捷、广阔的公益平台。让草根公益搭乘电子商务的快车，实现全民公益、草根公益、便捷公益的梦想。

首先，成立朗山公益基金管理委员会，明确基金的使用方向和使用方法，对朗山公益基金的收入和使用进行监督，建立基金管理办法和使用执行方案，提高朗山公益项目的公信力。委员会定期对朗山公益进行审查，确保朗山公益基金公开、透明，并且其收益只能在学生资助方面专款专用。朗山公益项目要实现学生公益、实现教育，也实现学生资助。

其次，搭建平台，开创朗山公益店。朗山公益店采用电子商务与实体店相结合的模式经营。电子商务平台包括朗山公益淘宝店、朗山公益微店、腾讯公益平台等，实体店是校内报刊亭。朗山公益淘宝店根据项目需要，对主营项目进行分块管理，推出书屋交流区、义卖区、特定活动区、合作公益区四大功能板块。书屋交流区：通过建立书屋交流区，实现二手教材及相关资料的循环利用，最大限度地发挥二手教材及资料的价值，宣传低碳环保的理念，提高大家的环保意识，达到“为环保、为教育、为扶贫”的公益效果。此外，学生在书籍交换中能加强知识的交流和沟通，达到知识共享、双赢的目的。义卖区：自强社定期举办慈善公益活动，号召在校同学开展闲置品义卖活动，自强社还可提供基本材料号召学生制作工艺品进行义卖，让在校生通过亲力亲为地为公益出力。通过组织义卖活动，激发广大青年学生强烈的社会责任感，树立正确的世界观、人生观、价值观，在校期间也可以在力所能及的情况下从事公益活动，在校园内形成公益氛围，培养学生互助互爱的意识及无私奉献的精神。特定活动区：主要运营 CPFA 旗下的善行 100、爱心宿舍等活动，同时可以为一些特殊

情况订制栏目。比如 2013 年朗山公益为我校一名患骨癌的学生订制了一个“救救我们的好班长”捐款活动，网店和实体店在一周内共募善款 5 万余元。公益合作区：朗山公益推出公益合作区，为学生和商家提供做公益的便捷渠道，让在校生和商家在买卖关系中，形成一种间接公益。朗山公益打造良好的校园品牌，聚集校内众多人气，以商品交易平台的方式吸引校内外的商家在平台内上架，入驻商家需承诺每在平台上产生一笔交易，均需捐献若干公益金额。朗山公益微店主要是跟目前使用率极高的通信软件微信相结合，可以快速地将朗山公益实体店的商品实时传送到学生的手机上，方便微信扫码购买和快速推广。腾讯公益平台的经营，主要是依托中国扶贫基金会的授权，获得网上募捐资金的资格，为急需帮助的学生发起网上募捐活动，2015 年朗山公益发起的“我不想一个人活着”项目为我校父母双亲患重病的曾同学筹得善款 15 万余元。

再次，妥当安排人员，公益理念宣传和经济收益并进。朗山公益项目的监督指导部门为学生资助管理中心，主要经营人员为自强社学生，经营人员大致分为：采购、售货、客服、网店经营技术、推广策划和文案写作等人员。朗山公益的经营广告语是“您每买一件朗山公益的商品都是在做公益”，做公益其实很简单，就在身边，就是简简单单地在朗山公益店买一本杂志、一份报纸、一个文具、一张明信片。

最后，及时资助家庭经济困难的学生。朗山公益计划每当盈余 1 万元将进行一次资助活动，1 万元资助 10 个学生，每人 1 000 元。受助学生必须在上学年获得 8 个或 8 个以上的公益积分，除了提交材料以外还必须亲身参与到朗山公益店，体验并了解朗山公益，做朗山公益的宣传者和朗山公益理念的执行者。

校内设置的报刊亭作为朗山公益经营的实体店。实体店是朗山公益开展活

动的聚集点，可以为商品提供售后服务，是提高学生对朗山公益信任度的有力保障。实体店和线上网店相结合，使得朗山公益在校园内快速树立了良好形象。

（三）助在毕业

每年毕业前期举办主题为“诚信·梦想启航”的毕业生酒会，邀请用人单位与家庭经济困难的毕业生代表共同参加，为毕业生提供一个社会交往的平台。酒会以沙龙形式进行面对面的交流，引导学生自信面对职场，通过聆听优秀企业家和杰出校友的励志故事，再塑勇于面对未来职场的信心。

四、项目的绩效和特色

（一）爱心公益积分制，搭建广阔的校内外爱心公益平台

学生通过自我组织、自我管理地开展公益实践活动是“心映阳光计划”的重要组成部分，通过爱心公益积分制，打造出学生活动品牌项目。实现爱心公益积分制的核心内容就是实现学生人人认可公益、参与公益，从而提高学生的综合素质。为在校生提供足够参与公益活动的机会，是确保爱心公益积分制顺利运行的重要保障。目前我校和珠海市社会组织培育与发展中心签署了公益实践基地协议，学生干部已经进驻该公益孵化基地办公，为我校学生志愿者和珠海市各大社会组织搭建起公益桥梁。现在我们跟珠海市香洲区翠香领航社会组织发展统筹中心已经达成初步合作意向，这将是我校学生公益实践基地的新拓展。校外公益实践基地的签署，为我校学生参与公益实践活动提供了更多的机会和选择空间。

（二）弘扬励志自强之风

通过组织多姿多彩的爱心公益活动，“心映阳光计划”引导学生自立自强，培养学生诚信感恩意识，在校园文化建设中树立起一种弘扬正能量的良好风气。

（三）提高学生综合素质

“心映阳光计划”由我校自强社主办，自强社的主要成员是家庭经济困难的学生。由于家庭原因，家庭经济困难的学生往往缺乏自信，“心映阳光计划”为家庭经济困难的学生提供自我组织、自我管理的机会，通过积极参与该工程组

织的各项活动，提高自身的策划能力、管理能力、组织能力、执行能力和交流能力等，充实自我、重拾自信、提升综合素质。

五、项目的思考与启示

“心映阳光计划”的顺利开展，让从事多年学生工作的人深刻认识到，“资助育人”不仅仅是帮助学生解决就学问题，更重要的是如何正确、合理地教育和引导学生。“心映阳光计划”在建立追求自强自信、践行公益为宗旨的学生社团的同时，成为“讲诚信、重信誉”校园文化建设的重要组成部分。

“心映阳光计划”由我校学生社团自强社创立，活动由学生组织开展与管理，体现了学生参与决策、自我组织、自我管理、自我服务、自我教育的学生自治理念；学生在本项目中服务于校园及社会，在“资助育人”方面取得很好的成绩。“心映阳光计划”的实施为在校大学生提供了广阔的公益平台，为我校开展“德育教育”工作提供了有力支撑，同时也提供了有效的、可参考的数据。“心映阳光计划”的一系列爱心公益活动，全方位提升了学生的自身素质。

失物招领中心

◇实施单位：校后勤保卫处

一、背景与问题

北京理工大学珠海学院是我们共同学习、共同生活的家园。在这里我们每一天都过得充实和愉快，然而却有这样一件事情困扰着自己：忙碌中丢失了东西，偏偏又不知道通过什么途径来寻回失物。尤其是有时候像丢失了钱包、身份证、学生证这类证件和贵重物品时，就更是只能干着急了。同样，那些拾到他人之物的同学固然有心归还失物，却为无解决的途径而感到苦恼。尤其是像北理珠这样一个庞大的校园，有着数万名师生，所以每天不翼而飞的物品不计其数。这就急需建立一个体系完整、运行完善、高效率的失物招领体系。所以失物招领中心就是在广大师生的强烈呼吁下建立起来的。

二、案例的产生和发展

为了更好地为失物认领提供一个平台，更有效地解决我校失物认领的问题，为我校师生提供便捷的服务。北京理工大学珠海学院校园安全管理协会（以下简称安协）在学校领导带领下开设“失物招领中心”，旨在为我校师生提供一个和谐、文明的窗口，为大家提供更优质的服务以及和全校师生携手共建属于每一个北理人的文明校园。

失物招领中心（以下简称中心）位于学生宿舍十栋楼下（警卫室办公室旁边），成立于 2013 年 4 月 6 日，于 2013 年 4 月 8 日正式挂牌运行。

从中心成立至今，安协工作人员做了一次关于失物认领的数据调查。在这三年的时间里，中心共收取失物 14 234 件，接受失主报失 9 648 例，成功“物归原主”的案例达 14 334 例，其中失主报失并成功找回失物率达 50%，失物归还率达 60%。

三、具体运作方案

失物招领中心恰好在学校的中心地带，优越的地理位置让同学们能够很容易找到登记报失和记录拾物的场所。

不仅如此，我们还一直树立着良好的工作目标，这也是我们成功的关键因素之一。

为此，我们对失物招领中心的工作制定了以下 5 个基本目标：① 统一收取和管理拾获的物品，并将失物归还失主；② 宣传拾金不昧的良好道德品质，共创文明校园；③ 为同学们提供更宽广的服务窗口以及更加优质的服务；④ 加强同学们保护自身财产安全的意识；⑤ 为构建和谐校园做贡献。针对这 5 个基本要求，我们中心做了以下的工作来具体实现自己的目标。

我们中心针对失物和拾物分别制定了以下五种纸质表格：《物品记录表》《拾物登记表》《物品回收表》《失物报失表》及《失物认领表》。

《物品记录表》主要是记录好心人送到中心来的物品的类型和特征。我们将物品的类型主要分为以下几类：贵重物品类、钥匙类、卡类、包类、文体用品类、生活用品类、电子产品类、其他物品，等等。然后根据类型将这些回收来的失物放置在不同的地方，并编号贴标签。这样做可以使我们的工作人员在失主来认领时能够快速找到与之相应的物品，也可以方便我们对失物进行统计和整理。

其实，我们获取失物的手段不仅仅只有这一种。我们中心每天都会派人前往各大食堂、教学区去回收失物，因此我们就有了《物品回收表》。表中登记的主要是上述回收到的物品。登记完成后，我们依然会对这些物品按类型进行分类，并将它们都编上号。

中心成立后，我们发现有些失主认领完失物后都很高兴，并且他们也非常想感激那些帮他们找回失物的好心人。因此我们便有了《拾物登记表》，来记录拾物者的联系方式，以便日后失主有途径能向这些好心人表示感谢。

在日常生活中，除了会有拾物者来上交失物，也会有失主来中心登记失物的信息。当失主来到中心后，我们会先询问他们失物的特征，并根据这些特征在《物品记录表》中查找。当在表中查询不到时，我们便确定中心目前没有失主丢失的物品。这时我们需要将失主的信息和失物的信息填入《失物报失表》中，当我们找回失物后便可以通过此表上的联系方式联系失主来认领。

当我们找回失物，通知失主来认领时，我们需要先让他们在《失物认领表》上登记自己的信息。在他们登记完后，我们会将这些信息与报失表中的信息进行比对，在确认完报失者的身份后，我们会将失物还给失主。

考虑到同学们的空闲时间，我们失物招领中心每天会安排几个时间段有工作人员在中心值班（10:00—12:00、12:00—13:00、14:00—18:00），如有失物者过来报失或拾物我们会先详细问清楚具体情况，然后再将以上的表格给他们填写。这样无论是对拾到物品的归还，还是对丢失物品的寻找都提供了很大程度上的方便。

除了以上几个纸质版的表格外，我们还有电子版的登记表，是将以上五种纸质版表格整合到电子版中。每次查找时，可通过电脑软件快速查找到相应的资料，便于我们协会对失物的失主进行联系。当纸质版找不到或者出错时，我们还可以根据电子版的信息进行查找。

要想将失物招领中心做好、做大，光从内部做好是不够的，我们还需要有很好的宣传来扩大自己的影响力。

对于宣传工作方面，我们协会开通了官方的微信公众号和微博，每天定点发送相关失物与拾物信息，以便于失主或者发现失物的同学，通过我们安协的平台将失物认领和归还。不过我们深知失物招领是一个长期任务，其中也有很多不足之处：宣传力度不足、信息流通不快、拾物招领率不高、失物不能及时找回等一系列问题还很突出。我们安协便和信协合作，利用他们的资源，能够更容易帮失物找回失主。但仅仅跟其他社团合作是远远不够的，我们还需要举办一些活动来扩大影响力。那么，要举办的活动就必须和我们失物招领中心有所联系。

四、主要成效

失物招领中心创建至今已有将近三年的时间，其中每学期正常工作的时间大约为五个月。在这五个月里，失物招领中心坚持“帮助更多的人，做更多的事”这一理念，为校园安全的发展做出了一定成绩。

据统计，在正常工作的这五个月时间里，失物招领中心共接获报失数有1 572 例，其中成功为失主找回失物的有 752 例，成功率达 47% 左右，价值 2 万余元。在这段时间内，中心共收取失物 2 355 件，其中成功找到失主及时归还的失物为 1 386 件，成功率为 58%左右，价值 7 万余元。例如在 2015 年 9 月 29 日，李德福同学在第二食堂丢失了钱包，里面有身份证、银行卡、音乐节门票以及接近 400 元现金。失物招领中心在接收失物后迅速找到失主并及时归还。次日，我们又归还了将近 500 元现金到失主手中。因采用“及时接获，及时登记，及时归还”的方法，中心开展工作的前五个月便得到了广大师生的认可。另外，安全管理协会内部还定期组织人员去各大食堂和教学楼收集失物，并将失物带回中心登记录入计算机，联系失主前来领取。

中心在正常工作的五个月中虽成功为失主找回失物多达 752 例，但还是存在一些失物仍无法找到失主，特别是一些无法识别身份的物品，例如雨伞、U 盘、眼镜、手表等。为了能让同学们更好地提高校园安全意识和对自我物品保管能力，中心于上学期还开展了“U 盘回馈”活动，对积极参加活动的同学提供 U 盘奖励。此次活动所提供的 U 盘皆属于长期无人认领的失物，这样做旨在促进失物再利用和提高学校同学对中心的关注度。

为了更好、更合理地实现失物资源的循环再利用，失物招领中心将长期无人认领的图书捐给图书馆读者协会和自强社。这不仅丰富了图书馆的书籍，而且还通过和自强社的合作把长期无人认领的图书发放给更需要的人，提升无人认领图书的价值和图书的循环再利用率，去帮助更多有需要的人。

随着中心知名度的提高，现在如果有师生东西丢失了，他们能想到的第一个做法就是前往失物招领中心，看看自己的物品是否被好心人捡到送到那里。他们当中有很多人就曾成功在中心找到自己的失物，那种失而复得的心情溢于言表。不过也有一些同学暂时还没能找到自己丢失的东西；当然，也有一些失物也还没有那么幸运地等到它的主人。

其中雨伞便是一个很好的例子。考虑到绿色环保理念，对于这些无人认领的雨伞，我们校园安全管理协会采取的措施是开展“爱心雨伞”活动。这个活动也非常地温暖人心。具体的做法就是在弘毅楼之间的保安亭、明德楼报告厅楼下及十栋楼下失物招领中心放置一些长期无人认领的雨伞，供同学们在需要的情况下使用。“爱心雨伞”活动的开展不仅有效地解决了一部分同学突遇暴雨被困教学楼的问题，还温暖了大学校园环境，增进了同学们之间的感情。

除了开展这些暖心活动外，中心还特别注意学校安全问题和同学们的安全意识。毕竟“关注校园安全问题，提高师生安全防范意识”是中心的工作重点。

对此，我们安协每年都会举办安全知识问答竞赛，目的在于宣传安全知识，提高师生防范意识。比赛奖品均是失物招领中心长期无人认领的失物。诸如充电宝、笔记本、水笔，等等。这也无疑很好地实现了资源的循环利用，真可谓一举两得。

而在上个学期，校园里的自行车出现了严重的积存现象，各大食堂和宿舍楼下都杂乱地摆放着无主单车，这对同学们的安全出行和整个校园的环境有一定的干扰和影响。中心对校园内的无主自行车进行清点处理，并对还能使用的无主单车进行翻新修理。为了更好地实现无主单车的再利用，中心还举行了爱心派送活动。此次活动派送的无主单车超过 200 余辆，虽面向的只是有贫困证明的学生，但更多的是希望通过这次活动能给他们更多的关爱，让温暖传遍校园。

五、思考与启示

回顾失物招领中心半年来的工作经历，从失物招领中心的成功运行到不断完善、优化，均离不开学校领导和老师的指导，离不开失物招领中心全体工作人员的无私奉献，更离不开同学们以及教工人员和保安对我们工作的理解和帮助。正因为有了学校领导和老师的支持，我们才有这个机会开展这项活动，就像我们想要飞翔，而他们就给了我们一双飞翔的翅膀，让我们有一个平台为学校师生奉献自己的一点力量；是失物招领中心的工作人员本着“无私，奉献，高效，创新”的工作精神，把宝贵的时间和精力无私地投入这项工作中，让中心得以成功的延续，他们利用自己的课余时间，为学校的同学和老师服务，他们如同灯塔一样为失去物品不知道寻找方向的同学点亮明灯，提供了寻觅的方向；是同学们的理解和帮助，以及他们“拾物不昧”的精神才让我们有更多机会把失物归还于失主，进而帮助更多的人。每一件失物都有它的故事：主人不小心遗失了它，有好心人捡到后交给了我们，我们为它寻找主人，而大家的这份热心就是我们继续服务下去的动力。

一直以来，失物招领的制度不断地完善和修改，使中心的管理和运行更加全面化、人性化、规范化和系统化。例如，中心常备的《物品记录表》《拾物登记表》《失物报失表》《失物认领表》和《回收物品表》，这一系列的表格为失主、拾物者和工作人员提供了查询失物、认领失物的便利。除了在中心设立办公室，还在校园食堂、图书馆、教学楼等地设立失物收集处，也会安排人员定时定点收集失物。在这些工作中，我们懂得了细心和耐心是多么重要，有时可能因为一个小小的登记失误，就会导致失主找不到自己的物品。烦琐的工作之余，我们体会到了爱心和热情的重要性，前来报失者的一句“拜托了”是对我们的信任，前来认领者的一句“谢谢”是对我们的肯定，所以能帮助失主找回失物是一件具有满足感和成就感的事情。失物招领中心不仅在校园的文化建设中发挥着作用，而且对于师生来说，它是对拾金不昧精神的弘扬，对于我们来说，它更是锻炼和培养自身良好品质的平台。

经过半年的运行，我们中心经历了一个从懵懂探索到驾轻就熟的过程，其间我们付出了许多汗水和努力，当然，也看到了收获和成就。比如培养了我们助人为乐、无私奉献、热情耐心的精神与品质，锻炼了我们的能力，使我能够娴熟地掌握 office 等办公软件。但是在看到收获的同时，同样也要看到工作中所存在的问题和不足。比如在工作中有时候会因为疏忽而疏漏了一些同学的信息，耽误了同学们寻找失物的时间；再者就是交接工作时会出现一些模糊的现象等。虽然我们有很多的不足和纰漏，但是，失物招领中心决不会就此止步，反而会不断地改进和升华。在接下来的工作中，我们将根据积累的工作经验，逐步地完善并优化中心工作，力求为师生提供更高效率、更快捷便利、更优质贴心的服务。

为了使失物招领的信息平台更加便捷，让失主更方便地寻找到自己的失物，中心将筹划提供网上报失服务，使得失物和认领实现信息化。这个服务将更方便失主在发现自己丢失物品后，第一时间在网上告知中心，中心也会在第一时间内将失主报失的信息发布出去，使更多的同学接收到失物消息并且中心会呼吁拾物者将失物送往中心，中心收到失物后会立即通知失主让其过来取回失物。这样不仅能方便失主报失，也减少了拾物者寻找失主的麻烦。

如今多数的大学生都有使用微信的习惯，所以接下来，中心将会开通微信并会及时更新微信信息，让失主用手机就可以快速查询到相关的失物信息。这样做的好处是不仅可以减少报失的冲突，还可以为失主提供更加便利便携的服务。另外，中心还会与其他的知名社团合作，并且联合他们一起举办一些较大型的活动，普及同行们一些相关的安全知识，这样也可以提升我们社团的知名度。

为了增强失物招领中心日常工作以及失物的透明度，我们将计划每半个月对遗留的未被认领的失物做一次汇总，并且在每月中旬及月末以微博和微信公众号的形式发布出去，以提高中心失物的认领率。而对于长时间无人认领的物品，我们将继续“变失为宝”，通过举办一些活动，把这些失物以奖品的形式奖励给同学们，促进物品循环利用，真正达成“失物失于师生，用于师生”的理念。总的来说，在这半年中，我们中心从默默无闻到被广大师生认可，付出了很多，同时也收获了很多。中心正在一天一天地壮大，相信在未来，我们会做出更大的成绩，成为一个让全校师生谈及起来都会赞不绝口的社团——这就需要每一个人付出更多的努力。

拾金不昧展美德，失物招领创文明。失物招领中心将继续“物传北理，爱传千里”！

学生膳食监督机制

◇实施单位：校学生会

一、学生膳食监督机制产生的背景

随着时代的发展，社会各界也更多地在关注维权消费。而学生群体的合法权益也总是会或多或少地受到侵犯。那么作为大学生，应该了解甚至普及维护个人权益的常识，把维护权益的思想扎根于心中。虽然我们的学习、生活大多数在校内，但是日常消费行为却是无可避免的，消费维权意识的淡薄常使我们在遭遇侵权问题时不知所措。因此，为了提高学生的维权意识和保护学生的合法权益不受侵害，我校学生会从 2010 年 6 月开始便推行了学生膳食监督机制，并在实践中不断完善。

二、学生膳食监督机制主要模块

（一）膳食委员会

膳食委员会是由学生代表组成的对学生食堂日常饮食进行监督的学生组织。膳委会的宗旨是为广大在校学生服务，监督食堂食品卫生、食品质量、食品价格、食堂环境、人员服务等，维护在校学生合法权益。膳委会的最高执行机构是全体委员大会，每年举行一次。

膳委会的主要职能是：

① 定期了解食堂饭菜供应情况；

② 了解食品卫生、环境卫生、人员服务情况，定期组织检查，并向校领导和相关部门递交检查报告；

③ 了解、监督食堂制定的饭菜价格是否合理，并将检查结果向相关部门

反映；

④ 各学院学生代表负责每月收集一次学生意见及有关信息，主要包括对食堂食品卫生、环境卫生、食品价格等的建议或意见；

⑤ 每月召开一次学生代表与学生食堂负责人的座谈会，邀请后勤保卫处、学生工作处老师参加，解答学生问题；

⑥ 维护就餐秩序，有权对违反食堂管理规章制度、扰乱就餐秩序的人员进行批评教育，情节严重者按相关条款向有关部门反映；

⑦ 按计划安排轮值学生食堂监督员；

⑧ 大力弘扬饮食文化，提倡勤俭节约，合理饮食，尊重劳动；

⑨ 做好其他相关工作。

膳委会隶属于校学生会，设主任 1 名，由学生会权益部部长兼任。委员由校学生会代表和各专业学院学生代表（原则上为生活部等与各班生活委员紧密接触的相关干部）组成。学生代表每学院为 1～5 人，具体人数视学院人数多少确定，由各学院学生会推荐产生。校学生会代表 5 人，由学生会权益部推荐产生。各单位推荐代表中考虑少数民族、北方省份学生所占比例。

（二）维权

1. 日常维权

具体内容：

（1）在校学生会公众号平台开设维权窗口，供广大学生日常维护自身权益，保障膳食安全。

（2）成立权益行动小组，在接到同学投诉的第一时间跟进事件，并在最短时间内公示维权结果。

2. 3·15 权益周

具体内容：

（1）带着同学们“走进超市”。

经过与做法：

① 同学们经过现场和公众号上的线上报名参与活动。

② 3 月 17 日报名的同学们在沙地集合。

③ 由权益部部门成员带领报名的同学到达各个超市，并在检查前讲解检查超市的注意事项。

④ 检查结束后，采访同学们检查超市的心得与体会，并派发精美纪念品。

（2）维权事件的收集及处理。

经过与做法：

① 在摆摊现场派发小册子、摆设 KT 板以及相关活动宣传，并让同学们在现场填写对学校的建议及意见（也可在公众号上填写）。

② 经过收集后，权益部工作人员在办公室精选出有用的建议及意见，并及时对事件进行调查及处理。

收集事件展示：

① 超市存在过期食品售卖。

② 14 栋水压太小水流不够大。

③ 三饭自选饭菜同一菜品不同售卖阿姨价格不一样。

④ 30 栋、35 栋晚上 19 点到 20 点间热水不热。

⑤ 三饭汤饭服务态度差。

⑥ 一饭二楼自选菜的饭太硬。

⑦ 二饭自选饭菜有时给的分量特别少。

（3）维权小游戏——火眼金睛、维权知识有奖竞答。

经过与做法：

① 在现场邀请同学们参与维权小游戏。

② 在一堆食品中寻找出 3 种有问题的食品（包括漏气、过期及破损等）；在一堆卡片中抽出一张，回答上面的维权知识或完成大冒险活动。

③ 参与成功的同学们可以参加一次幸运抽奖的活动，并根据抽奖的结果兑换精美礼品。

④ 现场还有工作人员制作棉花糖来活跃气氛。

3. 维权事件处理

具体内容：

“中快—小笼包”事件：关于三饭中快餐饮的食品卫生问题。校学生会收到举报三饭工作人员将用过的蒸笼未经清洗重复使用。

经过与做法：

（1）成立专门小组，立即展开相关调查，收集证据等相关资料后，积极对事件进行跟踪。

（2）2016 年 3 月 30 日下午 1 点 30 分，邀请事件相关的同学参与，在简短会议后代表学生群体对三饭经理进行了一次约谈。

（3）经理表示接到消息后，立即意识到事情的严重性，凌晨一点半便赶到食堂对蒸笼进行清洗消毒，将冰箱食物进行清理，并对当事员工处以罚款，对档口进行整改。

（4）当日下午，学校针对此事召开全校食堂经理会议，决定停止此档口的经营权，并给予相应的处罚。赵经理充满歉意地说，作为第三食堂的管理人员，出了这样的事情是他监管不力，负有重要责任，可能会被调离职位。经理承诺，会对此事做一份书面检查，并感谢同学们对第三食堂的关注与监督。

（5）30 日晚上 6 点 40 分校方及中快公司正式就学生会处理意见给予处理结果，校学生会以维权公告形式予以公示。

（6）校方处理结果：

① 责令中快珠海公司对责任档口停止营业并清退出场；

② 对食堂经理给予降职离岗处分；

③ 校方对中快珠海公司给予 5 000 元的经济处罚；

④ 责令中快当面向当事人公开道歉；

⑤ 将学校处理结果通报中快集团。

中快公司处理结果：

① 相关责任档口立即停止营业，清退离场；

② 相关负责人立即辞退；

③ 对该食堂负责人赵青阳给予降职离岗，罚金 2 000 元处分；

④ 立即组织食堂员工进行食品卫生及操作规范培训；

⑤ 立即成立中快食品安全小组对第三食堂各岗位详细检查以及整改。

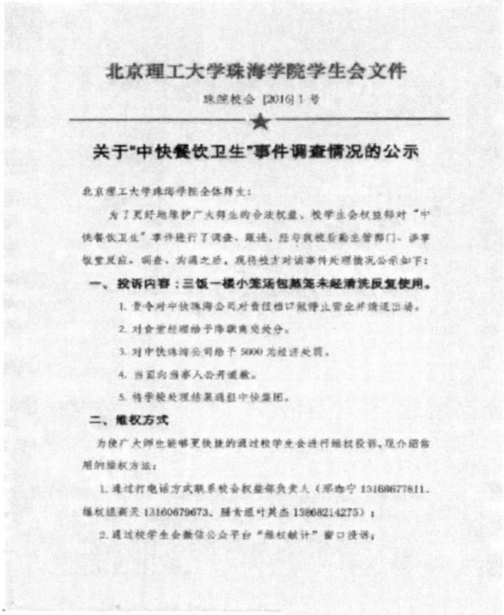

北京理工大学珠海学院学生会文件

珠院校会 [2016] 1 号

关于"中快餐饮卫生"事件调查情况的公示

北京理工大学珠海学院全体师生：

为了更好地维护广大师生的合法权益，校学生会权益部对"中快餐饮卫生"事件进行了调查、跟进，经与我校后勤主管部门、涉事饭堂反应、调查、沟通之后，现将校方对该事件处理情况公示如下：

一、投诉内容：三饭一楼小笼汤包蒸笼未经清洗反复使用。

1. 责令对中快珠海公司对责任档口做停止营业并清退出场。

2. 对食堂经理给予降级离岗处分。

3. 对中快珠海公司给予 5000 元经济处罚。

4. 当面向当事人公开道歉。

5. 将学校处理结果通报中快集团。

二、维权方式

为使广大师生能够更快捷的通过校学生会进行维权投诉，现介绍常用的维权方法：

1. 通过打电话方式联系校会权益部负责人（邓海宁 13160677811、维权组蔡天 13160679673、膳食组叶其杰 13868214275）；

2. 通过校学生会微信公众平台"维权献计"窗口投诉；

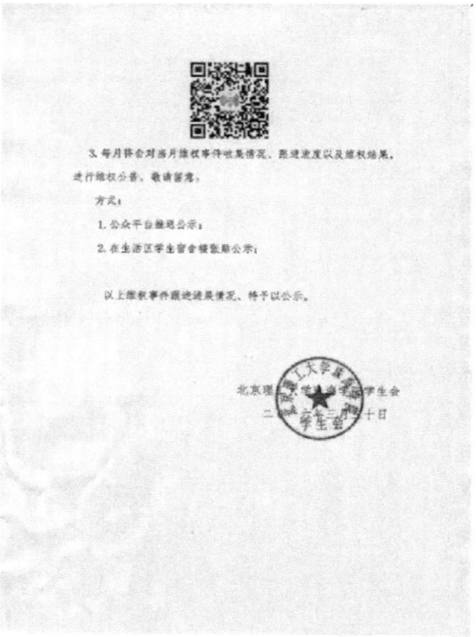

3. 每月将会对当月维权事件收集情况、跟进进度以及维权结果，进行维权公告，敬请留意。

方式：

1. 公众平台推送公示；

2. 在生活区学生宿舍楼张贴公示；

以上维权事件跟进进展情况，特予以公示。

北京理工大学珠海学院学生会

二〇一六年三月三十日

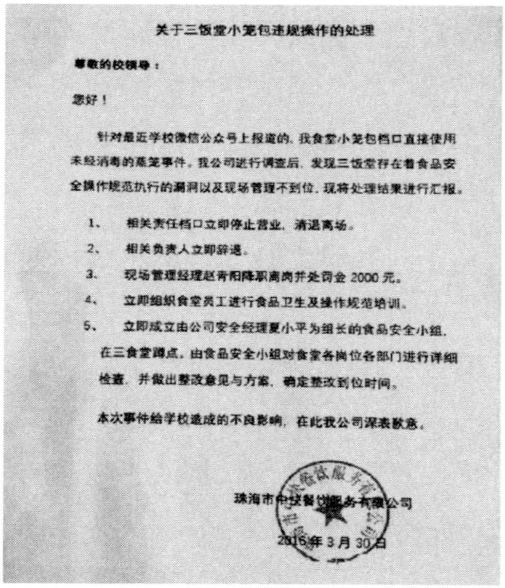

关于三饭堂小笼包违规操作的处理

尊敬的校领导：

您好！

针对最近学校微信公众号上报道的，我食堂小笼包档口直接使用未经消毒的蒸笼事件。我公司进行调查后，发现三饭堂存在着食品安全操作规范执行的漏洞以及现场管理不到位，现将处理结果进行汇报。

1、 相关责任档口立即停止营业，清退离场。

2、 相关负责人立即辞退。

3、 现场管理经理赵青阳降职离岗并处罚金 2000 元。

4、 立即组织食堂员工进行食品卫生及操作规范培训。

5、 立即成立由公司安全经理夏小平为组长的食品安全小组，在三食堂蹲点，由食品安全小组对食堂各岗位各部门进行详细检查，并做出整改意见与方案，确定整改到位时间。

本次事件给学校造成的不良影响，在此我公司深表歉意。

珠海市中快餐饮服务有限公司

2016 年 3 月 30 日

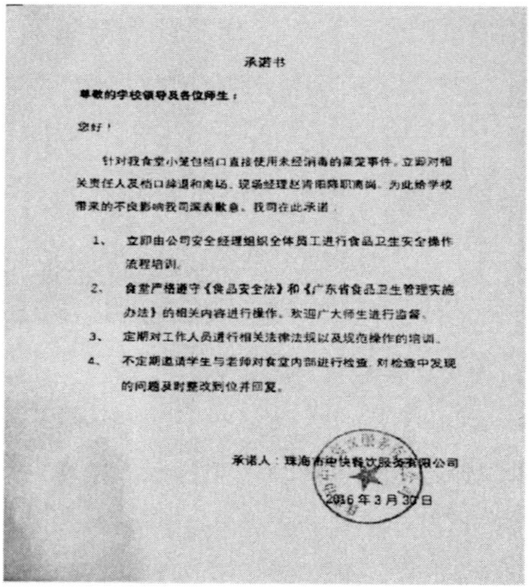

承诺书

尊敬的学校领导及各位师生：

您好！

针对我食堂小笼包档口直接使用未经消毒的蒸笼事件，立即对相关责任人及档口辞退和离场，现场经理赵青阳降职离岗。为此给学校带来的不良影响我司深表歉意，我司在此承诺：

1、 立即由公司安全经理组织全体员工进行食品卫生安全操作流程培训。

2、 食堂严格遵守《食品安全法》和《广东省食品卫生管理实施办法》的相关内容进行操作，欢迎广大师生进行监督。

3、 定期对工作人员进行相关法律法规以及规范操作的培训。

4、 不定期邀请学生与老师对食堂内部进行检查，对检查中发现的问题及时整改到位并回复。

承诺人：珠海市中快餐饮服务有限公司

2016 年 3 月 30 日

（7）2016 年 3 月 31 日下午 3 点，中快餐饮的负责人就此事件在综合楼四楼会议室进行道歉说明，到场的还有"小笼汤包"当事人及负责老师。对于频频被投诉的食堂问题，公司负责人表示，在“小笼汤包”事件被曝光后，便解雇了相应食堂的经理。对当事人在朋友圈吐槽抱怨以及引起的相应社会评论和负面影响诚心致歉。餐饮公司负责人同时表示虽然无法保证食堂百分百的安全、卫生，但是他们在不断改善，一旦出现问题，他们也不会逃避。这次的“小笼汤包”事件也为他们敲响了警钟，食堂的规范管理刻不容缓，监管力度也应该加强。

（三）检查

1. 膳食委员会成员随时检查食堂的环境卫生，并做好检查记录

2. 膳食委员会工作小组每周定期检查食堂一次，不定时检查一次食堂的卫生情况，并做好记录

3. 检查内容

（1）食堂内的环境卫生：地面是否有残留的食物残渣等垃圾，地面坑洼处是否积有污水，泔水桶是否加盖。水池内外、排污地沟等处有无堵塞，是否有饭菜残渣。灶台、操作台等处是否干净、整洁。

（2）从业人员的个人卫生：从业人员是否做到“四勤”，是否正确穿戴工作衣帽，有无戴首饰上岗，有无在工作区或操作间吸烟，有无在操作间内大声喧哗，有无不良卫生习惯，分发食物时是否戴一次性口罩和一次性手套。

（3）食堂的“三防”设施有无损坏情况，是否充分发挥“三防”设施的功能和作用。

（4）从业人员是否按流程进行规范操作，做到生熟、荤素分开，有无不规范操作现象。

（5）库房是否通风、整洁、整齐、明亮。更衣室衣物挂放是否整洁有序。

（6）餐具用具是否每次用后清洗、消毒，是否按规定和要求进入配餐间存放保洁。

（7）在定性包装食物的验收上我们也会格外认真地检查：

① 检验包装上内容是否与检验报告内容相符；

② 检验生产日期、保质期，已超过保质期的绝不能收；

③ 检验包装是否有厂名、厂址；

④ 检验食物外观：有无破损、污损、变形、杂物、霉变等；

⑤ 嗅气味，是否有异味；

⑥ 手感，是否有异样。

（8）非定性包装食物的检查：

① 看：是否有腐烂、霉变的食物；

② 闻：是否有异味；

③ 摸：手感受有无异样；

④ 查：蔬菜是否新鲜。

检查时，我们同样要求食品试尝留样，这是检验是否食物中毒的重要依据。为确保师生食品卫生安全，特制定食品留样试尝制度。第一，每餐坚持饭菜留样，并在留样容器盒上标明菜名、日期、时间等；第二，饭菜留样应留足数量（不少于 100 克），储存于专用冰箱，温度保持在 2℃～8℃。

同时，我们也会检查食堂的仓库。食堂库房必须保持清洁，每天清扫，保持良好的环境卫生，必须保持干燥、通风、整洁，防止物资因受潮而霉烂变质。

食堂库房应设专人管理，做到随手关门，非库房管理人员不得任意进出。任何人员不得私自动用库房内的物品，保管员应提高警惕，做好防火、防盗工作。库房物品应按标记、标识有序存放，食品与非食品不得混放或混装，食品必须隔墙 15 厘米，离地面 20 厘米。在库房内，不得存放有毒、有害物品，如灭蝇、灭鼠药、农药及个人用品。超过保质期或霉烂变质食品要及时销毁，不得存放在库房内。食品原材料进出库房必须有完整的记录。

在日常的检查过程中，我们也会邀请师生中的志愿者一起检查食堂，保证我们的工作公开、公正，在我们认真地检查下相信能给全校师生一个安全的用餐环境。

（四）监督

1. 膳委监督岗

（1）膳食委员会监督岗由学生会主席团成员担任。

（2）监督岗对内负责对委员的监督工作，确保委员全心全意为学生服务，避免职权滥用或玩忽职守。

（3）对外负责对维权事件处理的后期监督工作，确保工作落到实处，坚决不做表面工作，而避免忽略最根本的维护学生权益的出发点。

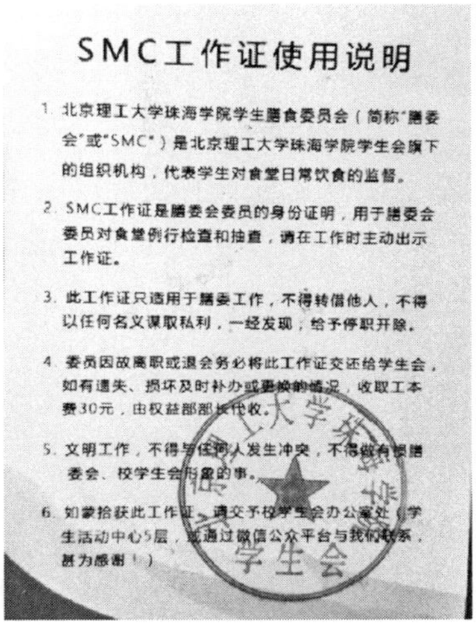

2. 食堂日常监督岗

（1）食堂日常监督岗由学生会权益部干事担任。

（2）日常监督岗负责对学校每个食堂的日常监督工作，包括对食堂卫生、食品安全、商品价格等的监督工作。

（3）日常监督岗同时接受同学们对食堂意见以及投诉的收集工作，将维权工作常态化、程序精简化。

（五）评比

活动内容：

1. 膳食文化节期间对学校各大食堂进行定期检查与抽查

经过与做法：

（1）召开会议，明确检查内容及范围，突出卫生检查的工作重点，对工作人员进行有针对性的培训。

（2）检查时严格按照检查细则，做好检查记录。

（3）检查结束后，把结果整理成资料，权益部膳委存档一份，交给后勤老师一份。并对外公布存在安全卫生的问题的档口。

2. 经理面对面

经过与做法：

（1）通过微博、微信、贴吧、QQ 等网络平台对本次活动的目的、形式、活动时经理所在的位置进行宣传。

（2）活动现场：活动期间，现场将布置定点咨询台，各食堂经理将在指定位置现场接待、解答同学的疑问，并积极听取学生的建议，在以后的工作中积极改善提高。权益部将委派一名同学协助经理工作，负责记录相关的内容。活动结束后将对所有记录进行整理汇总并提交给各食堂管理处以及后勤老师。

3. **最佳食堂、最佳档口评比**

经过与做法：

（1）活动前期在各食堂门口摆摊宣传，吸引更多同学参与到活动中来，提高活动影响力。

（2）活动主要以投票的形式进行，由全校师生作为评判员，现场投票，公正、公开地将活动最终的票数核算换算成相应的分数，评选出北京理工大学珠海学院“年度最佳食堂”一个、“年度最佳档口”八个。

（3）投票结束后，为最佳食堂及最佳档口颁发证书及锦旗，提高各食堂、档口的竞争意识，同时方便日后同学们选择就餐。

三、学生膳食监督机制的主要成效

在学生膳食监督机制下组织开展的膳食文化节活动中通过对食堂卫生的检查，我们发现存在卫生问题的档口 3 个，并提出整改方案，责令其在规定时间内做出改正。另外我们将对食堂卫生检查常态化。由权益部主导的膳食委员会不定期对食堂卫生突击检查，并明确制定检查内容。检查食堂是否具有良好的环境卫生，这是保证食物不被污染的重要措施之一。

自学生膳食机制建立以来，各种膳食制度不断完善，绝大多数日常维权事件都得到妥善解决，学生维权意识不断加强，安全膳食观念深入人心。

四、思考与启示

办好学生食堂，对构建和谐校园具有重要意义。校方应集思广益，鼓励、激发全体人员的创新意识，调动全校师生的积极性，充分利用意见箱、短信和网站等便捷手段和设施，随时为食堂建设提供有价值的建议，齐心协力共建师生一学校一后勤三方和谐的生动局面。尽量通过减负、增效等方式降低食堂经营成本。对个人承包的食堂实行部分费用减免，联合地方政府给予经济上的补助和政策上的支持，保障高校后勤的福利性和公益性。

创立膳食监督机制，要高度关注学生饮食消费与健康饮食，确保校园和谐健康发展。同时，多开展有关健康饮食的活动，提高师生的健康饮食意识，引导师生走健康之路。及时了解并做好学生思想工作。充分发挥学校的指导、宣传、教育、协调、沟通与配合作用，及时掌握学生思想动态，加强校园网的管理，及时收集学生对伙食的意见，对学生进行耐心的说明、解释，让学生理性看待。让作为直接消费者的学生参与学校食堂的监管，使食堂运作信息透明化，最大限度地争取学生的理解和支持。加大对贫困学生的补助力度，尽量减少物价上涨对其生活造成的影响，可多设置勤工助学岗位，同时把政府的关怀政策落到实处。

学生是学校食堂的最大消费群体，学生对食堂评价的好坏，直接决定了食堂能否和谐发展。以学生为主体，就是要食堂“想学生之所想，解学生之所困，做学生之所需”，努力解决学生在就餐过程中的一切问题。要做到这些，最直接、最有效的方法就是让学生直接参与食堂管理，而不仅仅是让学生只作为就餐者被动地接受。让学生参与食堂管理，就是让学生参与食堂日常管理事务，要积极为学生提供管理平台，建立学生参与食堂管理的规章制度，让学生参与食堂日常管理工作会议，听取学生在食堂管理方面的意见。膳食委员会是学生的维权与服务组织，是联系食堂的纽带，最能了解学生的心声。学院食堂注重与学生伙食管理委员的合作，接受其监督管理，经常组织学生和食堂师傅一起去购买食堂物品，让学生了解食堂的运作模式及卫生状况。经常和学生举办一些有益活动，如我最喜爱的食堂师傅评选活动、经理面对面、最佳食堂和档口评比等。

在膳食委员会和食堂、师生之间的交流下，食堂的工作人员提高了认识，餐饮公司加强了对食堂的管理，确保了广大师生的饮食食品安全。

不仅如此，在我国法治建设中，完善学校保护机制、维护学生合法权益一直以来都是一个比较薄弱的环节。现在高校依法治校有了一定的进展，而如何完善学校保护机制，保障及维护学生的合法权益也日益受到社会各界的重视，学生和家长也越来越追求对自身权利的确认和维护。因此，如何依法维护学生的合法权益已成为高校管理者必须思考和研究的重大问题。

（1）提高教育管理者及教师的法律素质从根本上遏制侵犯学生合法权益现象的发生和蔓延，必须对教师进行法律知识的教育，通过学法、知法，提高教师对学生权益保障的自觉性和法律意识，使教师明确学生所享有的权利、自己应履行的义务、学校应承担的责任。从而自觉用法律法规来规范自己的言行，在管理工作中公正地对待每一个学生，尊重学生的权利。

（2）树立民主的师生观到教师的潜意识中，“师道尊严”“一日为师，终身为父”等传统的师生观还根深蒂固。在学校的教学和管理中，教师往往居高临下，具有绝对权威，其尊严神圣不可侵犯，学生只能尊重和服从。在这种思想观念的支配下，教育者很难把受教育者当作平等主体加以对待，在学生管理中也就容易出现“家长”式作风，进而造成对学生权利的忽视和侵害。当今社会是民主社会，树立师生平等观念，尊重学生，充分认识到在人格尊严上师生之间是平等主体。

（3）培养学生的权利意识和自我保护意识。为使学生的合法权益不受侵犯，学校和家庭应该培养他们的权利意识和自我保护意识，使他们清楚自己所应享有的权利以及当自己的合法权益遭到侵犯时应采取的保护措施，这对遏制侵犯学生合法权益现象的发生和蔓延是非常必要的。当今是日益“走向权利的时代”，只有学生权利意识的不断觉醒，自我保护意识的不断增强，自我保护能力的不断提高，侵犯学生合法权益的现象才能被有效遏制。

（4）坚持依法治校，依法管理，实现学校管理法制化必须进一步完善我国的教育法律法规体系和相关法律法规，使学校管理做到有法可依。树立和强化法治精神，做到依法建章建制，保证校规校纪的合法性。

“天佑善行——我们爱打扫”

◇实施单位：航空学院　自强社

一、背景与问题

成立于2013年3月的航空学院自强社，一直秉承总社“演绎自强，彰显自信，追求自立，践行公益”的宗旨。如何更好地践行自强社宗旨，同时又能体现出自身特色，成为航院自强社自成立之初就需要解决的问题。航空学院自强社需要逐步形成具有自身特色的品牌活动。

成立之初的航空学院自强社积极响应总社号召，与其他学院自强分社联合举行了多项公益活动。特别在进行“课桌文明”公益活动时，我们发现，教室的卫生由学校后勤保卫处聘请保洁工人进行打扫，但由于教室比较多、保洁工又是流动性大的职业等原因，教室卫生问题时常成为师生投诉的对象。聘用更多的保洁人员，就意味着成本的大幅增加；如何在有限的成本范围内解决好教室卫生问题，这也成为后勤保卫处面临的难题。

恰逢学校正在鼓励学生自治工作，而在教室卫生问题上，作为学校主体的学生不仅没有参与打扫教室卫生，反而是教室卫生问题的制造者。回想起从小学到高中，作为学生的我们都有打扫自己教室的习惯，而到了大学，成为素质更高的一个群体，为什么我们却不能组织起来解决自己学习场所的卫生问题呢?

通过网络查询，有的高校把参与校园环境维护作为勤工助学岗位，有的学校甚至设置了专门的劳动学分，我国台湾地区的一些高校则更多地通过宣传，鼓励学生参与到校园环境维护，无论哪种方式，都说明了这些高校已经开始引导学生参与进来。学生自主维护校园环境，做到学生自我服务，这也是学生自治的一种体现。而我们，完全可以尝试从教室卫生入手，由学生社团组织学生进行维护，这样不仅会形成社团自身的公益品牌活动，也会推进校园环境卫生方面的学生自治。

二、具体事例（项目产生与发展）

航院自强社经过同学们的充分讨论，决定从学院所在的天佑楼教室卫生做起，制订了“天佑善行”计划，推进校园保洁的学生自治。

在“天佑善行”运行之前，航院自强社组织学生提前协助保洁人员清扫教室卫生，了解教室清洁主要涉及的内容和合适的时间节点，了解天佑楼 39 间教室整体情况。经过一周的试运行，自强社制订出了完整的“天佑善行”学生自治策划书。

在指导老师的帮助下，航院自强社派出代表向学校后勤保卫处总务科请示，递交“天佑善行”学生自治策划书，阐明开展“天佑善行”的意义，并保证做好“天佑善行”活动，保证天佑楼 39 间教室的清洁卫生，为师生提供良好的教学环境。

学校后勤保卫处处长陈成义对航院自强社提出的“天佑善行”学生自治项目给予了极大的支持，不仅同意航院自强社“承包”天佑楼 39 间教室的保洁任务，而且为自治项目提供一定的资金支持，用于购买保洁物资和对积极参与的贫困学生进行一定的资助。

2014 年 4 月 5 日，“天佑善行——我们爱打扫”教室保洁学生自治项目正式启动。

三、经过与做法（运行机制）

（1）面向全校提前一周招募学生志愿者：通过大学生事务中心微信公众平台公益活动报名系统进行志愿者招募，确保了项目开展的人员保障。

（2）制定完善教室卫生清洁标准：根据清洁实际效果，从开始每天清洁一次教室卫生到增加到每天两次，每周六进行大扫除。每天清洁内容包括课桌内卫生、教室垃圾清除、讲台清洁摆放、黑板卫生；每周大扫除除以上内容外，增加拖地、擦洗黑板内容。

（3）调整人员安排：根据项目进行形成的经验，逐步调整实际清扫需要的人员数量。确定每天两轮清洁共需 6 人；每周六大扫除需 50 人。每天清洁项目监理 1 人、每周大扫除项目监理 2 人。

（4）项目月度总结汇报制度：对“天佑善行”项目开展情况每月进行总结，发现并解决项目开展中的问题，并将发现的问题及整改措施报指导老师和后勤保卫处总务科主任，听取指导老师和总务科领导意见建议。

（5）每学期开展一次党员志愿者清扫活动，面向学生党员招募志愿者，开展党员志愿者专场清扫活动，本学期航空学院教工党员志愿者也积极参与。

（6）成立航院自强基金会：自强基金会成员由学生组成，讨论决定后勤保卫处资助“天佑善行”自治项目资金，自强基金由基金会安排学生管理，全部用于活动开展和学生工作，每月进行财务公示，由指导老师进行监督。

（7）公益奖励分列入学院奖学金评定：为了从制度上鼓励学生积极参与“天佑善行”等公益自治活动，除了执行学校的爱心公益积分制度，航院自强社向学院学生事务理事会提出的“公益奖励分列入学院奖学金”之建议顺利通过，学生最高可获得 2 分的公益奖励分。

四、主要成效

（1）学生参加公益活动积极性提高：“天佑善行”项目的学生志愿者每周爆满，客观上促进了学生参加公益活动的频率，提高了学生参加公益活动的积极性。

（2）实现了天佑楼教室保洁的学生自治：简单的事情重复做，重复的事情认真做，认真的事情坚持做。截至目前，“天佑善行——我们爱打扫”教室保洁学生自治项目已经进行了两年，组织学生志愿者 6 400 余人次，参加了 1 000 多次日常清扫和 78 次大扫除。天佑楼教室保洁已经实现了学生的自治。

（3）后勤保卫处对“天佑善行”的肯定：在项目进行中，自强社每月会向后勤保卫处汇报项目进展，后勤保卫处领导对天佑善行的开展表示高度的肯定。

（4）航院自强基金运作体现学生社团在经费方面的自治能力：自强基金下设天佑善行基金（保证项目正常运作）、优秀志愿者表彰基金（已评选出两届十大优秀志愿者，并进行奖励）、勤工助学基金（根据资金情况，提供勤工助学岗位）、自强慈善基金（用于慈善捐助，特别是校内突发困难学生）、无息借贷基金（无息提供在校学生临时借贷）、公益创业基金（孵化航空自强社公益创业）。截至目前，自强基金结余 14 372 元。

五、思考与启示

（1）推进学生自治需要进行项目化管理。航院自强社以公益为载体，在推进学生自治的过程中越发意识到以项目化管理的方式，有利于自治工作的高效开展。目前，航院自强社除了"天佑善行——我们爱打扫"教室保洁学生自治项目已初步形成品牌外，去年开始推行的"乐在访老"公益项目，已初有成效，获得珠海市福利中心颁发的优秀组织奖和多名优秀志愿者奖。在已有项目逐步成熟的基础上，航院自强社也开始策划新的公益自治项目。

（2）校园保洁完全可以依靠学生自治。在学校后勤保卫处的支持下，经过航院自强社两年的实践，证明了校园保洁完全可以依靠学生社团组织自治。目前，已有其他学院自强社效仿开展校园保洁自治项目，我们也欣喜地看到学校"十三五"规划中关于学生自治部分提到："扩大学生团队校内保洁试点区域。"我们也非常期待有一天，北京理工大学珠海学院的校园保洁工作全部由学生自我组织、自我管理，那将会是学校的一大特色和亮点。

（3）学生自治需要主动寻求指导和支持。学生自治不是完全不需要来自校方的支持和指导，"天佑善行——我们爱打扫"教室保洁学生自治项目之所以能够顺利开展，离不开学校后勤保卫处的大力支持，离不开学生工作处指导老师的悉心指导，他们的支持和指导，让我们在开展自治的过程中能更务实地考虑项目的可操作性，更全面地关注活动的每个细节。在此，也特别感谢学校和学工处指导老师的帮助。

线上青春——校园网络文化社区

◇实施单位：校京涛海纳工作室

网络是当下大学生进行信息获取、人际互动、话语舆论和资源共享不可或缺的组成部分。青年学生作为我国互联网的重要使用群体，他们以积极的姿态，用一套独特的语言、符号、行为和价值体系创造、参与或助推网络文化的多样化发展。同时，网络也催生出对大学生思想观念、身心健康、人际交往等负面影响现象，这种现象我们统称为“青年网络亚文化”。青年亚文化最突出的特点就是它的边缘性、颠覆性和批判性，它隐含着对主流社会潮流抵制、叛逆的倾向，容易误导涉世未深的大学生，使其不能形成正确世界观、人生观和价值观，这一倾向在现行体制下对大学生与社会的交流以及高校思想教育的开展都会形成障碍。因此，如何利用网络特点，充分发挥网络文化的育人作用，已经成为当今教育新的重要研究方向。

一、项目名称

线上青春——校园网络文化社区（学生门户网站、微博、微信）

二、项目理念

青年网络亚文化这种特殊的“文化现象”，给高校学生思想政治教育和校园文化建设同时带来了挑战和机遇。如何充分发挥网络文化阵地的教育作用？如何将良好的校园文化氛围延伸到网络中去？如何利用校园网络引导学生、服务学生？带着这些问题，我校学生工作处开展了深入的实践探索：自 2010 年 3 月开始，对校园网络文化社区的建设进行构建，校园网络文化社区由学生门户网站、微博、微信以及新型移动端应用组成，社区建设以“发挥网络育人，传播校园文化”为基本理念，由京涛海纳工作室学生团队负责进行设计规划、开创栏目、创作品牌、舆论引导和运营管理，已建设成为一个良好、和谐、健康的并具有校园文化气息的网络社区，提升了校园文化品位，营造了良好的网络育人环境。

三、项目运作

（一）项目主体

北京理工大学珠海学院京涛海纳工作室。

（二）项目对象

北京理工大学珠海学院全体学生。

（三）项目定位

线上青春——校园网络文化社区落实学生的主体地位，结合大学生的特点，以学生门户网站、微博、微信为纽带来实施的学生教育活动，提供了实现思想政治教育方法多样化的平台。校园网络文化社区融教育、文化、服务于一体，将最新的设计理念、良好的用户体验、多方参与的互动模式、流畅的信息流表现形式融入社区平台，逐步打造最具有学生凝聚力的校园网络社区。

（四）项目程序

第一阶段：组织统筹

打造和培养学生团队，发挥学生主力军作用。明确的网站建设理念及职责分工，学生团队中划分新闻采编、摄影艺术、视觉设计、影视制作、网络技术、项目策划、公共管理等工作岗位，根据成员个性和特长进行分组，聘请专业成绩突出的高年级学生对其培训，每季度组织考核；派遣团队成员骨干先后到珠海团市委、羊城晚报、南方都市报、珠海新闻网、中国移动珠海分公司等单位学习，为网络文化社区的发展和完善打下了良好的基础。

完善制度，给予经费支持。制定管理办法，每年度从学校经费中单独列支该校园网络文化社区建设、运行经费保障；加强对管理员信息管理制度和栏目板块管理，设置多层管理员实行信息编辑、审核、发布，使得校园网络文化社区建设的各项工作进展顺利。

第二阶段：实践规划

（1）把握校园网络文化社区定位。

以学生门户网站为校园网络社区文化主体，设置五十多个栏目，融时事报道、思想政治教育、学术文化交流、新媒体软件于一体，充分发挥网络育人职能，通过正确的网络导向，营造健康的校园网络环境，为广大师生提供全方位的信息服务。

（2）突出移动端应用。

以社区微博、微信、APP 为主要推广手段，在服务中更多地强调了移动端产品，为了适应发展我们加快了移动端开发进程，先后推出了包含教育、服务、新闻内容的多款产品，以高品质的内容、人性化的方式，向学生提供多元的选择，持续关注并积极探索校园用户新的需求。

（3）强调用户体验，提供一站式信息服务。

提供校园网络社区产品化服务按照面向用户的理念，突出了不同类型的网络产品特点，将栏目划分为新闻、教育、服务、生活、资源五个大类，设计布局中将学生日常使用或者最受学生欢迎的应用摆放在优先位置，让学生可以按照不同兴趣与目的直接选择大类，并进入相关应用，满足不同用户的需求，真正实现一站式服务，并将栏目产品化作为一个发展趋势。

（4）重视校园网络文化社区（学生门户网站、微博、微信）框架。

页面布局简洁美观，提高网站的视觉美感，排版布局中的平衡、对齐及对比关系，运用好不同色彩的搭配，给人视觉上的冲击，强调创意、突出个性、注重情感、追求多维空间。

（5）设置合理后台管理系统构架。

在建立前台信息发布的同时，还要建立一套具有良好用户界面的后台管理维护系统，优化整个网站媒体的运行，帮助普通用户对前台的网站进行日常管理和信息发布。其优点是占用系统资源少、信息量大、站点维护方便，便于扩充和更新，易于继承和保护历史数据。

（6）注重与社会网络信息的交互。

通过新的分享机制，让校园网络文化社区的信息可以被分享到社会网络，与社会网络信息共享将成为发展的重点。

第三阶段：主体内容构建

网络文化品牌活动内涵的建设是传播的基础，品牌活动的传播是品牌活动形成的条件。针对学校校园的内部环境和外部环境做全面的检查分析，结合校园目前的优势和存在的薄弱环节，并以此为依据定出校园网络文化品牌、特色活动、文化项目的建设思路与发展目标；依据互联网发展状态和趋势、社会文化导向和结合我校校园的文化发展需求，确立网络文化的核心形象，开设网站的自主品牌、活动和项目。

（1）以发展多元品牌为先导，打造 9 项文化品牌。

先后创办《大学生报》新闻品牌，《每周人物》专访品牌，《学生电影》电影品牌，《漫游北理》漫画品牌，《潮拍北理》摄影品牌，《形象北理》影视品牌，《海纳讲堂》学术品牌，《对话榜样》访谈品牌。

（2）以开创特色活动为方向，开展 9 项文化活动。

先后举办“诗词歌赋”文学大奖赛、“流光绘影”摄影大奖赛、“水墨丹青”书画大奖赛、“创意鲜生”设计大奖赛、“造星计划”演艺大奖赛、“一拍即合”影像大奖赛、“迷彩造衣”服饰大奖赛、“三行情诗”情书大奖赛、“剧我所想”剧本大奖赛等特色文化活动，以搭建网络媒介载体，建立起网站、微博、微信、APP 等媒介同步推广，“多位一体”的活动宣传展示平台，逐步形成内容多形式、多方向的一体化网络载体。

（3）以打造创意项目为手段，拓展 6 项文化项目。

分别与中国移动珠海公司、广东粤剧院、吉林习德集团等单位合作“缤纷视觉”校园大型活动 CIS 设计项目、“无线城市”珠海高校数字校园研发项目、“北店南移”文化产业市场调研项目、“维维校园”珠海大学生自购平台研发项目、“魅彩幻夜”3D 特效楼体大型投影制作项目、“粤韵清音”广府戏剧文化传承与创新调研项目。这些线下项目的制作，利用学生专业自制创新，同时结合线上网络平台进行传播。

四、项目效果

多年来，我校通过不断加强对校园网络文化社区建设，所创造创新的文化成果得到教育主管部门的认可。学生门户网站连续两次获得广东高校优秀宣传思想网站评比三等奖；2015 年，网站获得广东高校优秀宣传思想网站评比十佳网站；2016 年 3 月，由我校学生工作处编写的《精品明理系列之〈线上青春〉》

正式出版，全书 20 万字，该书内容讲述了校园网络文化社区主体——学生门户网站建设理念、实施方法及成效经验等。

校园网络文化社区的品牌活动影响广泛，微信关注度最高达 80 000 余人，内容最高阅读量是 78 638/篇，平均每日阅读量达到 5 000 余点击率，微博粉丝人数关注度最高达：50 000 余人，内容最高转发量是 6 573/条；更赢得 200 余次社会报道，其中中国新闻网、中国青年网、广东电视台、珠海电视台、香港文汇报、澳门商报、信息时报、南方都市报、南方日报、羊城晚报、珠江晚报以及新浪网、腾讯网、搜狐网、网易等 50 多家传媒机构曾作题为“168 元拍出精彩校园电影”“北理工邀四院士开讲座”“北理工‘造星’计划将启”“北理工学生漫画发行”“高校也建新闻呼叫平台”“北理工学生自拍电影远赴西藏取景”“珠海大学生拍山寨版少年 Pi 受网友热捧”“北理工珠海学院学生拍宣传片向母校十周年献礼”“高校招生宣传片　大胆打出爱情牌”等报道。

通过学生门户网站文学、影视、摄影、漫画、电影、书画等栏目选出学生创作的优秀文艺作品参加市、省、国家级的各类文化艺术类竞赛，取得了优异的成绩。我校学生共有 356 人次获得了市级以上文化艺术类竞赛奖项，其中国家级 72 人次，省级 125 人次，市级 159 人次。团队成员创作的文艺作品通过该网络平台，也获得师生与社会专业人士认可，其中《花开夕夏》电影作品曾在中央电视台电影频道播出，《云纱》《接力》《争春》等摄影作品分别在多家报刊刊登，《璀璨明珠》摄影作品被师生誉为“北理工清明上河图”，《骚年春的奇幻漂流记》《酱油人生》《军训纪实》《诈骗》《形象北理——爱情篇》等影视作品突破 3 000 万网络点击率，《北理一年班》漫画作品被社会媒体称为“迎新宝典”，3D 特效墙体大型投影作品《魅彩幻夜》更在网络上引起一片好评。

校园网络文化社区紧扣高校学生发展实际，围绕学生网络人才成长，依靠学生自主创作，凝练出一种成效显著的高校网络文化建设模式。同时，团队多年来培养了 500 余名的学生干部服务社会，他们曾在国际和国家级大赛中崭露头角，获得 30 余项国际、国家级奖励，150 余项省市级奖励，毕业后从事多方面的工作或考研进修、出国深造，或自主创业，或成为政府公务员、企业高管、媒体记者、品牌策划人、广告设计师、影视制作人、软件工程师等，无论是在腾讯、迅雷、魅族等上市公司还是汇丰控股、金碟软件、赛瑞设计等跨国公司，无论是海外还是国内都有他们奋斗的身影。

北理工珠海学院为深入贯彻落实党和国家有关文件精神，围绕落实高校立德树人的根本任务，推进网络文化健康有序发展，唱响网上思想文化主旋律，以网络思想政治教育为特色，以“思想引领，成长服务”为基本理念，通过校园网络社区的建设，得出了几点思考与启示。

（一）加强校园网络文化供给与服务

引导师生自觉践行社会主义核心价值观，丰富高校师生网上精神文化生活，牢牢把握网络文化育人主动权。主动制作适合新兴媒体传播的网络应用和优秀文化作品，增强校园网络文化的吸引力，推动优质文化信息、教育资源在更大范围内普及共享。加强网站文化产品研发和应用服务，支持学生网络社团建设，搭建学生网络创新平台，促进学生创新实践能力的培育。

（二）学生自主研发、自主管理

以学生为主体的网络文化社区建设，有明确的建设理念及职责分工，并充分发挥网络育人职能，通过学生自主管理，实现“从学生中来，到学生中去”。学生更了解学生，校园网络文化社区在不断地学习和发展中了解学生需求，服务于学生日常生活、学习及娱乐，打造符合当代高校学生健康向上价值观的网络交流和服务载体。

（三）为培养优秀学生干部提供实践平台

在选人用人中，明确“不唯身份、不唯资历”的原则，把品德、知识、能力和业绩作为主要标准；在培养人才过程中，秉承“德才兼备、知行合一”的校训，培养出有品行、有才能、求真知、赋予行的学生；在对专业团队的引导中，推崇“多元发展、兼容并包”的理念，展现一种自由的学术氛围、宽松的创作环境、多元的创新思想，始终在一种平等、自由、包容的文化中交流，让每一个参与者从纵横深广各领域编织自己全新的知识结构，让学有所长的学生激发潜能、发挥所长，从而打造素质优良、专业突出、全面发展的人才队伍。

“书香文法”

◇实施单位：民商法律学院 团学会

摘要：图书馆历来为专业的工作人员进行日常运转，学生只是受众而非参与者，如何通过学生自我管理、自我服务，彰显主人翁意识，北京理工大学珠海学院文法学院（现更名为民商法律学院）学生自治图书资料室针对传统图书馆的弊端，充分发挥自身学科特色优势，一改“学生只能作为读者、工作人员需要外聘”的传统模式，大力推行“学生自治图书资料室日常自我管理、自我服务”，扩大学生自治的参与面与参与度，把握指导教师参与引导的科学性，引导学生实现自我组织、自我管理、自我教育、自我服务，对大学生自治进行了新的诠释。

关键词：学生自治　图书资料室　书香文法

一、“书香文法”的现状

（1）“书香文法”注重学生自治能力的培养与教师科学引导的融合，强调充分发挥学生的主人翁意识、服务意识、宣传意识、责任意识，既避免目标不明的自治极端，又规避教师的控制极端，学生与教师在整个过程中共同做到不缺位、不乱位，促进师生的良好协作与沟通，做到了共同成长与进步。学生们在图书资料室的运作过程中，充分发挥了主人翁意识和服务精神，工作上勤勤恳恳、踏踏实实，做到了知识与实践的有效结合。

（2）文法学院学生自治图书资料室的设立，涵盖了法学、对外汉语、文学、哲学、史学、外语六大类若干小类的书籍，基本满足了莘莘学子的阅读需求，分担了学校图书馆的承载压力，图书室座位、书架的合理布局，方便了师生的借阅与学习，提高了师生进入图书资料室阅读学习的兴趣，为我校在十年校庆上树立良好学风的发展目标做了重要的贡献。

（3）文法学院学生自治图书资料室“简政放权”，充分发挥学生自我管理、自我服务的自治理念，与文法学院“一个中心、两个出发点、三项建设”的办学目标相契合，为培养“复合应用实务型文法人才”的目标做了积极尝试，并取得了良好的效果。

二、问题与背景

文法学院的治院理念可凝练为“一个中心、两个出发点、三项建设”。其中，“三项建设”之一即是筹建专业图书资料室。立身以立学为先，立学以读书为本。为使文法学子能够有更好的环境、更好的条件读好书，形成好读书的风气，建设良好学风，打造复合型人才，在学校领导与相关部门的大力支持下，在学生的自我组织、自我管理、自我服务、自主发展的理念下成立了文法学院学生自治图书资料室。

有数据表明，2013 年我国成年国民人均纸质图书阅读量为 4.77 本，远低于韩国 11 本，法国 20 本，日本 40 本，以色列 64 本；人均每天读书 13.43 分钟。随着科技的日新月异，新媒体的不断发展。当代大学生对图书阅读的需求量不断减少，取而代之的是新兴介质的碎片化阅读，对书籍的阅读越发匮乏。这是文法学院从我国实际情况出发，创办专业职能的图书资料室的初衷。

三、“书香文法”的产生和发展

文法学院学生自治图书资料室成立于 2012 年 11 月 12 日，通过学校、学院的大力支持，以及王韬光董事长、梁慧星教授、王建宇院长、文法教职工的积极捐书，已经走过了整整两年，现藏图书 4 000 余册。图书分为法学、对外汉语、文学、哲学、史学、外语六大类若干小类。图书室配备电脑、空调等设备方便同学们的学习与阅读，学院图书室隶属于文法学院，受文法学院的统一领导，秉承“以书会友，服务全院”的宗旨，实行学生自我管理、自我服务的自治理念，为全院师生乃至其他专业师生提供更为优质的图书资源与阅读环境。

四、具体事例

2012 年文法学院学生自治图书资料室学生日常自我管理、自我服务。

2013 年文法学院读者俱乐部活动。

2013 年文法学院学生自治图书资料室学生日常自我管理、自我服务。

2013 年文法学院读书分享会活动。

2014 年文法学院学生自治图书资料室学生日常自我管理、自我服务。

2014 年文法学院“畅游书海、共享感动”读书分享会活动。

五、“书香文法”的运行机制

（一）自治自强，建立学生自愿报名、自主招聘、自我管理机制

文法学院学生自治图书资料室坚持实行学生自主管理机制，在管理机构上，采取馆长、副馆长、管理员三位一体的方式，下设一名正馆长、2～3 名副馆长，若干名管理员。采用自愿报名的方式筛选管理员，从书籍搬运、分类整理、图书入库、图书馆开放到日常管理，全部由学生有计划、有目标地进行自治管理。根据各个管理员自己的空闲时间制定了值班表，做到了图书室每天有专人值班、专人管理，尽最大的可能去满足学生读书的需求。并结合实际情况制定《北京理工大学珠海学院文法学院图书馆章程》，切实保障学生高效自治、良好运行。

（二）认真、负责，建立学生内部考勤监督机制

馆长、副馆长针对图书馆管理员进行值班考勤、监督，确保值班时间管理员准时上岗，特殊情况下灵活调动，通过 QQ、微信等多种联系方式，形成良好的沟通机制，打破馆长、副馆长与管理员之间的等级观念，努力营造“家”的氛围，搭建有效的沟通渠道，及时将学院下发的工作任务高质量完成。值班时，管理员需进行签到登记与工作记录简要登记，确保管理员工作交接顺利、快捷、高效，促进管理员做到认真、负责、自觉。

（三）树立导向，建立管理员工作指南

发挥学院图书的最大作用，并结合现实情况制定了《文法学院图书资料室管理暂行办法》和《文法学院图书资料室管理员工作职责》。这两个制度都从管理员的角度阐明了图书室自治的具体内容，制度中规定图书管理员要认真学习管理业务知识，做好图书管理工作，及时做好藏书利用率、书刊流通率、学生借阅率等项资料的统计工作，为学院的教育、教学、教研工作服务，培养学生的阅读兴趣，及时为师生提供学习、教育、教学方面的信息资料。同时还阐明图书室根据教学和学生的需要建议学院及时添置图书。认真制定书刊资料的选购标准，使之结构合理，复本量适当，不断提高藏书质量，对于内容陈旧、借阅率低、复本量过大和破损严重的图书要定期剔除，及时注销。

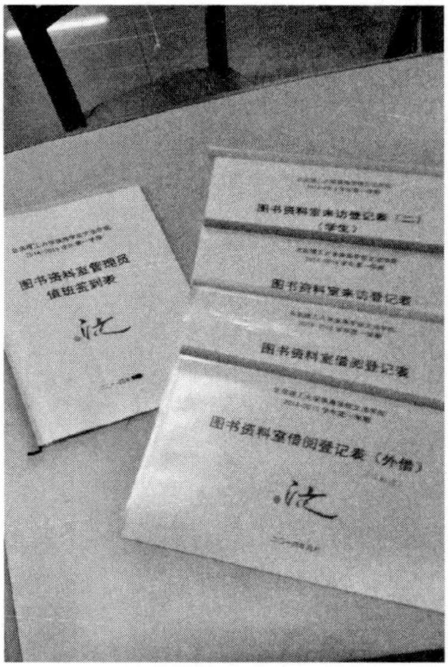

（四）井然有序，建立外部规章制度

为加强对文法图书资料室的管理，提高图书的利用率，鼓励文法学院师生多读书、读好书，为文法学院师生提供一个良好的读书环境，图书室在学生的推动下制定了一系列的规章制度：如《北京理工大学珠海学院文法学院图书馆借阅制度》，从借书规则、阅览规则、借阅书刊违章处罚办法等方面规定了图书借阅制度，对进入图书室阅读、学习人员需进行登记，及时统计读者数量，维持好图书室管理秩序。

六、绩效和特色

（一）民主、科学选举，打好学生自治的根基

文法学院学生自治图书资料室是学生们的图书室，坚持“从学生中来，到学生中去”的工作方法，在实现学生自治的同时，完善选举馆长、副馆长的民主、科学选举机制，充分考虑师生意见，选举在学院具有公信力、个人富有执行力，勤奋好学的同学作为馆长、副馆长，打破了老师指定或者片面追

求学生意见的选举模式，注重学生自治能力的培养与教师科学引导的融合，强调充分发挥参选学生的群众意识、选举意识、宣传意识、责任意识，充分发挥普通学生的民主意识、选举意识、权利意识、监督意识，为实施学生自治打好坚实基础。

（二）自我管理与服务，高效、科学运作

（1）以满足学生阅读兴趣为目标，以教师、专家、学者推荐为重点的图书采购模式。

文法图书资料室在采购书籍过程中，创造性地以满足学生阅读兴趣为目标，建立起了以教师、专家、学者推荐为重点的图书采购模式，在学生图书资料室实行自我管理、自我服务的过程中，充分发挥学生的话语权、主导权、决定权，兼顾教师、专家、学者建议，做到科学、系统地订购书籍。

（2）结合学院人才培养目标，独树一帜订阅全英文期刊。

文法学院立足复合实务型人才培养定位，大力引进学界与业界名师，围绕“法律、会计、中英文”三大知识能力，磨炼法学专业学生的法律素养与人文素养，提高学生的英语水平和英语能力，因此文法图书资料室建立起了法学、对外汉语、文学、哲学、史学、外语六大类若干小类的分类标准，结合学院人才培养目标，订阅了全英文期刊，如《时代周刊》等。

（三）根据学科特点，创新图书入库编码方式

结合文法学院专业特点，在图书摆放上，突出学术佳作的位置。文法图书资料室设立“经典阅读”书架，保证各个年级阅读者可以快速找到想要的书籍。创新图书财产号编码方式，从传统两位数增加到三位数，解决了图书编排时，同类书籍由于采购时间不一致而导致的位置分离问题。

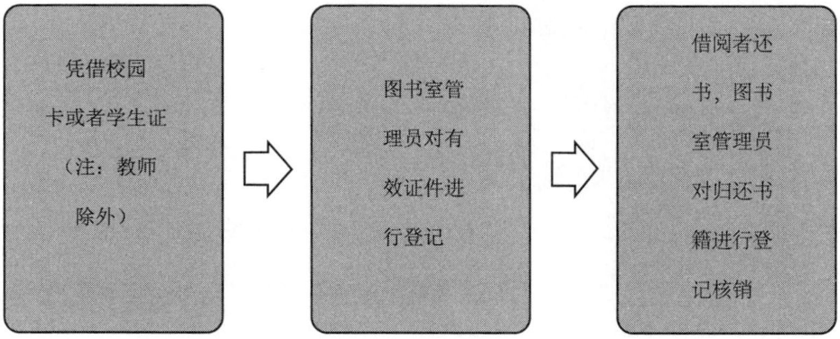

（四）借阅情况统计反馈

文法图书资料室坚持每月进行借阅数据统计，对借阅的书籍类别、数量进行科学汇总，及时增补师生们喜爱阅读的书籍，充分保障了师生们的阅读需求。

（五）系统、科学地布局图书室

综合考虑图书室面积及书架数量，对图书室格局进行系统的科学的规划、设计，并在本学期初期，由图书馆馆长、管理员重新布局图书室的书架、书桌，

使之排列更整齐、美观，改善了图书室的采光环境，为莘莘学子营造更舒适的学习环境。

（六）针对贫困生实行勤工助学、自强励志补助举措

文法图书资料室在实行学生自治的同时，积极为贫困生提供锻炼自我实践能力的平台，帮助贫困生完成学业，针对家庭贫困的管理员进行勤工俭学工作补贴。同时管理员在实行自我管理、自我服务的同时，也兼顾了自己的学业，据不完全统计，大部分管理员都取得了学校优秀学生奖学金。

（七）以学生兴趣为落脚点，举办读书活动

（1）举办读书分享和好书推荐活动。

事实表明，阅读时间少，理解能力差，自然影响到了写作。不管学生日后从事什么工作，写作是其一生成功的基础。在司法领域，没有清晰的写作能力很难成功。而根据对 120 位美国大企业人事部的负责人的调查，写作水平一直是高工资、高技术的标签，是成功者的基本特征。那些写作不行的人不容易被录用，也很难获得提升的机会。

为形成良好的读书风气和提高学生的文学素养，图书室全体管理员同学成立了“读书俱乐部”。该俱乐部面向文法全体师生，定期进行师生间的读书心得交流。

在成立俱乐部的同时，还开展了“文法读书月”活动，该活动以调动广大学生读书的积极性为目的，读书成果采用分享报告会的形式，由每班推荐 2～3 名同学参加，选手们通过再现写作背景，介绍故事梗概，赏析经典片段加之自

己的理解感悟，让观众对书的内容有了一定的了解，并有评委老师进行点评，进行交流。到今天，文法图书资料室已成功举办了多次读书分享会，并收到了良好的效果。

（2）调动学生阅读兴趣，设立优秀读者书籍奖励。

为调动学生阅读兴趣，鼓励同学们多读书、读好书，提高阅读技能、技巧，文法图书资料室特别设立优秀读者书籍奖励，用以表彰勤奋好学的学生，为学院师生树立勤奋好学之榜样。

（3）回收旧书，无偿捐赠给学院学生。

每年毕业时，大四的学长学姐们都苦恼于一堆旧书无法处理，针对此现象，文法图书资料室以图书室为依托，在志愿者的帮助下回收旧书，并进行分类存放，安排好时间，将旧书回赠予在校学子，做到了书的循环使用，充分发挥了书的使用价值。

七、“书香文法”的思考和启示

文法学院学生自治图书资料室实行的学生自治的方式是当下各学院资料室中值得推崇的做法，在北京理工大学珠海学院乃至独立学院中属于新事物、“试验田”。经过几年的尝试与摸索，证明学生自治图书资料室自主运转可以有效提高学生民主自治意识，培养学生自治能力，增强学院的办学条件和办学实力，完善了学院的教学、科研设施，为学院广大师生开展教学、学习、学术研究等提供了有力保障，对创建优良的教风、学风和院风将产生积极的作用。别于其他高校及其他学院（系）的方法，学生自治更有利于学生行使主人公的权利，履行好服务者的义务，为日后各项学生活动的开展建立了广泛的群众支持。馆长、管理员日常工作上的沟通与交流，能有效提高自身的组织能力及思维能力与语言表达能力。面对读者对工作的质疑，如何解他人所惑，成为一门学问，通过这样的学生自治，能锻炼学生的思维能力，以亲身实践学生自治的方式去实现自我提高。此外，学生自治图书资料室自主运转拉近了普通学生的归属感，也增强了学生自治图书资料室成员的使命感与责任意识。

文法学院学生自治图书资料室日常自主运转充分说明：凡是学生自己的事、学生群体共同的事，学生愿意管理、有能力管理的事，都属于学生自治的范围，应交由学生共同负责、共同自治。学生自治的内容和形式应按照循序渐进的原则，在学生实践自治的过程中，随着自治能力的提高可以不断深入和丰富，最终形成学生个人成绩与学校教育的双赢局面：文法学院学生图书资料室运转以其良好的工作理念与态度，产生了良性循环的效果，积极响应了学校乃至国家完善发展学生自治工作的号召，为我校学生进行自我管理、自我服务做出了积极的尝试，提供了宝贵的经验。

同心同德，共筑梦想

◇实施单位：外国语学院　2013 级英语 6 班

外国语学院 2013 级英语 6 班，由来自 6 个省区的 36 名同学组成。自入学以来，通过自荐、竞聘、选举组建了班委会和团支部。在辅导员李明刚老师和班主任陈颖秀老师的精心指导下，班长、团支书带领全班同学，奋发向上，拼搏进取，在学习、学科竞赛、班级工作等方面取得显著成绩。由他律到自律，由要我学到我要学，逐步成为自我管理、自我教育的优秀班集体。

一、树立理想，规划人生

大学生应该树立为实现中华民族伟大复兴的中国梦而奋斗的远大志向。志向既定，风帆扬起，就会信心倍增，催人奋进，犹如晨钟暮鼓，早晚自警自鸣。

（一）制订大学生四年规划

大学四年，同学们都应该有一个梦想，通过自己的艰苦努力，敢于面对挫折，克服困难，走向成才，将梦想变成现实。英语 6 班班委会和团支部成立之后，做的第一件事就是组织同学们制订大学生涯规划。全班 36 名同学以及后来转入的 2 名同学，根据英语专业特点和自身情况，制订规划、明确目标、分步实施、落到实处。

（二）确立奋斗目标，明确行为规则

（1）树立一个目标：

2013 级英语 6 班的目标是：成长成才，成为德智体美劳全面发展，具有创新精神的有用之材，为实现中华民族伟大复兴的中国梦而努力奋斗。

（2）实现两个提高：

注重思想文化修养，提高道德素质和人文素质；

注重科技知识积累，提高业务能力和综合能力。

（3）坚持三种态度：

对待学习，刻苦勤奋是一种习惯，孜孜不倦，学而不厌；

对待工作，追求卓越是一种目标，常思进取，激情满怀；

对待生活，意志坚强是一种常态，勇于面对，克难制胜。

（4）做到四个学会：

学会明辨认知；

学会诚信做人；

学会认真做事；

学会精诚合作。

（5）学会五问，善思敏行：

百思不得其解的问题问老师，以求答疑解惑；

对于学习方法、经验、制订大学生涯规划方面的问题问学长，这将使你受益匪浅；

科学文化知识的积累问书籍，从中汲取中华民族文化艺术宝库中的精髓；

对于茫然不知的事情问“百度”，借助网络获取答案；

每天晚上休息之前问自己，今天该做的事情完成了没有。

（6）承诺六个诚信：

一是学习诚信：态度端正，严谨求实。

不抄袭他人作业；不剽窃他人学术成果；不伪造实验数据；遵守考场纪律，自觉抵制各种考场违纪行为。

二是经济诚信：以信立人，履约践诺。

不恶意拖欠学费等费用；不恶意透支信用卡、电话卡等贷记卡；不偷窃、诈骗他人财物；不盗用他人手机、互联网等信息获取利益。

三是生活诚信：遵纪守法，弘扬正气。

不恶意损坏学校公共财物；遵守学校各项规章制度，不打架、不赌博，不参与其他扰乱教学秩序、损害学校名誉的行为。

四是诚信贷款与受助：自强不息，严于律己。

不编造和利用虚假的证明材料申请助学贷款和各项资助；毕业后积极履行

贷款合同，按时归还贷款本息，不恶意拖欠国家助学贷款；对国家助学金、学校伙食补贴和其他资助金，不进行不当消费。

五是诚信上网：知行统一，自省自律。

不通过短信、互联网编造与传播带有迷信、色情、反动内容的各类非法信息；不在互联网上诋毁谩骂他人与政府；不盗用他人账号密码、窃取和泄露他人隐私。

六是诚信就业：自尊自爱，修身明礼。

不向用人单位提供虚假的成绩单、获奖证明和资格证书等，不编造虚假的在校任职记录与社会实践经历；慎重签署劳动就业合同，不恶意违约。

（7）时刻牢记：要像拒绝毒品一样远离网络游戏。

（三）努力打造勤奋、敏捷、务实、耐劳的团队精神

切实做到：比鸡起得早，认知学悟空，跑得比马快，做得比牛多。

（四）签订诚信承诺书

向外国语学院签订诚信承诺书，全班38名同学郑重承诺：在学习守纪、经济往来、工作生活、贷款受助、上网、就业六个方面做到诚实诚信。

二、获取知识，博学多才

知识就是力量，是做好事情的基础。大学是学习的殿堂，是走向社会的加油站。我们要努力学习科学文化知识，向师长学，向书本学，向网络学。尤其要学习优秀学生标兵脚踏实地、坚持不懈的干劲，珍惜时间、分秒必争的决心、孜孜不倦、学而不厌的毅力，努力成为博学多才的当代青年。

（1）请任课老师介绍英语专业的学科特点、难点、重点，掌握学习方法，灵活运用听、说、读、写、译，努力提高口语和写作能力。

（2）充分利用晨读时间，复习已学习课程，预习新课，练习口语和阅读能力。

（3）多次邀请高年级学长学姐为全班介绍学习方法、学习经验和学习技巧，提升同学们的学习效率。

（4）图书馆是我们的第二课堂，经常阅读原版英语书籍、杂志等资料，提高同学们的阅读能力。

三、注重学习方法，合理安排时间

当今社会，网络已成为我们生活中不可或缺的一部分。对于胸怀大志的人，它可以帮其获得知识，助其成才。对于胸中无数的人，它可使其走入迷途，沉溺于网络游戏，久而久之，就会丧失信心，自暴自弃，荒废学业。社会上、学校中，许许多多惨痛的教训，令人深省。人可以平凡，但绝不能平庸。我们要做到自强、自立、自警、自省，让网络成为我们的良师益友。

（1）开通微信平台进行学习资料共享。

（2）为了备战 2015 年的英语专业四级考试，达到班内百分百专四通过率，班内同学集体讨论制定了一个复习方案，并积极地准备。具体措施如下：每天由一位同学轮流念 25 个专四高频词汇给其他同学做听写，既加深了念的同学对单词的记忆，又促进其他同学主动地去背单词；每天 2 篇听写，由同学课后自己听，然后做批改；一周一次的专四模拟考试，培养同学的做题手感还有对考试时间的把握，同时也请任课老师对模拟题出现的问题做一些分析和指导。

（3）充分利用丰富的网络资源下载专四复习资料和模拟题。

（4）在微信平台里，定期分享与英语有关的歌曲、电影等。

艰苦努力，结出丰硕成果。英语 6 班专业四级一次性通过率达到 82%，比全国平均通过率的 51.79%高出 30 个百分点，是外国语学院历年来通过率最高的班级。

四、注重实践教学，理论联系实际

实践教学、学科竞赛、社会实践，是理论联系实际的重要手段，是提高分析问题、解决问题能力的必由之路。积极参加学科竞赛、社会实践、社团活动和志愿者活动。在活动中尽职尽责，无私奉献；学得知识，增长才干；学会合作，增进友谊。

（1）为了灵活运用专业知识，英语 6 班积极组织同学参加“新生英语演讲大赛”“院运会”“校运会”“外语短剧比赛”“团日活动”“外语配音大赛”等比赛，班内同学在比赛中大放光彩，为班级、为个人赢得了荣誉。

（2）鼓励同学积极参与社团活动，经过一年的沉淀，大二时，班内同学大部分担任所在社团的主要职务，如外语协会秘书部部长、司仪团团长、学术部部长、剑道协会会长、学生会部长等。

（3）2014 年 3 月组织班内同学集体无偿献血，班内多数同学还积极参与“三下乡”“特殊学校义教”“单车义务整改”等义务活动。

五、情感带为主，项目组为辅

在完善班级体系上，2013 级英语 6 班采用了以情感为纽带，伴以项目组的形式进行班级管理。

（1）在 2013—2014 学年，先后组织了中秋茶话会、玩乐主题班会、班级联谊、女生节、男生节、郊游以及多次班级聚餐。这些活动也成为班级的传统，在每年都会定期举办，同时这些活动也增强了班内成员的归宿感和情感联系，让班内同学更好地融入集体，形成一种集体荣誉感。

（2）为了更高效地进行班级管理，实行了以项目组的组织结构形式进行班级管理。将全班同学划分 5 个项目组，在这 5 个项目组里，以班长、副班长为主体的审核小组主要负责对学院工作进行上传下达以及对其他各项目小组提出的项目活动进行审核；以生活委员为主体的财务小组主要负责对班费的管理和使用，以及对班费使用情况的上报；以学习委员为主体的学习小组主要负责对学习材料的收集，对上课内容和老师授课方式的反馈，对专业四级等考试制订相关的备考计划、组织自习等与学习提高相关的活动；以心理委员为主体的调查小组主要负责对学院活动、班级活动等进行民意收集和反馈；以团支书和组织委员、宣传委员为主体的实践小组主要负责班级宣传、组织策划班级活动等。

六、英语 6 班取得的成果

（1）2013 级英语 6 班在年级中获奖学金人数排名第一。

2013—2014 学年的两个学期，全班获得奖学金人数达到 50%，比平均值高 19 个百分点。

（2）2013—2014 学年、2014—2015 学年，两次获得校级“先进团支部”“先进班集体”称号；获得外国语学院“优秀班级”称号。

（3）2013 级英语 6 班获外国语学院建院以来第一个全勤班级。

2013—2014 学年第二学期、2014—2015 学年第一学期、第二学期以及 2015—2016 第一学期，英语 6 班全班同学以全年无旷课、无旷读、无迟到的出勤率获得四次“全勤奖”。

（4）2013 级英语 6 班为年级中先进个人的排头兵。

2013—2014 学年获得校级优秀团干、优秀团员、优秀学生干部、优秀学生称号 11 人，获得优秀社团干事称号 12 人，评优率占全班人数的 64%。

（5）2013 级英语 6 班齐心协力在学院组织活动中获得的荣誉。

① 在校级“新生演讲比赛”中获得“优秀组织奖”；

② 在外国语学院运动会第五、第六届两次获得“最佳组织奖”；

③ 在外国语学院举办的“中国梦，团日活动设计比赛”中获得二等奖和最佳文艺奖；

④ 在外国语学院举办的“异域风情，团日活动设计比赛”中获得一等奖和最佳组织奖。

英语 6 班获得“最佳组织奖”荣誉称号的次数在年级排名第一。

（6）2013 级英语 6 班在文体活动中表现突出。

在外国语学院第五届、第六届运动会中，2013 级英语 6 班成员积极参与体育竞赛，在男子接力、男子跳高、男子赛跑、女子接力、女子跳远、女子赛跑等项目中都有不俗的表现。

（7）2013 级英语 6 班在学科竞赛上成绩优异。

① 校级“新生英语演讲比赛”，英语 6 班入围决赛的，在专业组总 6 人中占了 4 人，其中温晓媚和王易分别获得一等奖和二等奖；

② 校级“外语短剧比赛”，英语 6 班分两组参赛，全部进入决赛，成为第一个大一班级两个剧组进入决赛的班级，并且都获得了优秀奖；

③ 校级“外语配音比赛”，英语 6 班的 COOLD 组获得二等奖；

④ 校级“外研社杯演讲比赛”，英语 6 班黄炜获得二等奖；

⑤ 全国口语测评大赛,英语 6 班 3 名同学获得二等奖,4 名同学获得三等奖。

（8）2013 级英语 6 班在入党积极分子的选拔上比例为学院最高。

英语 6 班在各个方面表现突出，班内同学积极向上，被选拔上党课人数达到 8 人，为同年级班级中比例最高的班级。

（9）2013 级英语 6 班积极承办学院大型活动。

英语 6 班曾承办外国语学院表彰大会和校级十榜人物之社团精英榜的节目环节。

七、学生自治的感悟与启示

班级自治，使我们提高了策划能力，增长了组织能力，打造了拼搏进取的团队，营造了良好的学习环境，全班同学受益匪浅。

在人生目标的规划方面，我们在老师的指导下，开学之初就制订了大学四年的人生规划和目标，着实对我们的大学生活起到了重要的指引作用。规划可以详细地分为人生大规划和生活小目标。

从个人价值的角度出发，人生小目标可以制订为好好学习，诚信待人，积极参加课外活动，珍惜时间，主动投身于社会实践，热爱班集体和养成社会公德等。

要实现目标必先制订详尽的计划。有计划的生活即使紧张，却井然有序；有计划的工作即使繁忙，但也会变得充实而有效率；有计划的人生即使艰辛，但也能处之泰然。计划让思维清晰，能达到事半功倍的效果。

在文化素养的培养方面，我们注重加强思想文化修养和提高道德素质、人文素质双管齐下。

在做好大学四年人生规划的基础上，我们还应具有扎实的基本功、宽广的知识面、一定的相关专业知识、较强的能力和较高的素质。也就是要在打好扎实的英语语言基本功和牢固掌握英语知识的前提下，拓宽人文学科知识和科技知识，掌握与毕业后所从事工作有关的专业基础知识，注重培养获取知识的能力、独立思考的能力，提高思想道德素质、文化素质和心理素质。注重科技知识积累，提高业务能力和综合能力。

诚信是做人之本，是人与人之间交往的重要纽带，是人们心灵彼此沟通的桥梁。我们只有以诚待人，他人才会把我们视为知己。

在学习方面，我们获得优秀的成绩，取决于严谨、认真的学习态度，不断总结、改善的学习方法。态度是成长的奠基石，不是制定了学习目标就能取得好成绩，最重要的是积极认真的态度。学习需要付出行动，需要主动努力，需要拼搏进取的精神。态度决定选择，态度决定思路，态度决定成败！积极的学习态度是成功的基石。同学们只有抱着一个积极的态度去学习，才能不断丰富知识。

在班集体建设方面，老师的教育引导、团队的凝聚力、优良的学习环境，对学生的世界观、人生观和价值观的形成具有极大的影响力。班集体能动态地反映集体与个体、个体与个体、集体与环境的相互作用，体现着集体形成的过程。班集体以集体主义价值为导向的社会心理共同体，集体心理的统一性和社会成熟度综合反映了集体主体性的水平。一个积极向上的班集体能更好地教育同学们，让同学们身心健康地发展。

“路漫漫其修远兮，吾将上下而求索”，2013 级英语 6 班将继续奋力拼搏，勇于探索，在学生自治的道路上再创佳绩。

从“一”管“五十”的旧模式过渡到以“五十”管“五十”的学生自治新模式——新生班级自治

◇实施单位：会计与金融学院　2012级财务管理专业1班

一、背景与问题

学生自治逐渐成为高校教育改革的大趋势，重视学生自治是每所学校学生管理必选的管理方向，因此我们必须重视学生自治，加大学生自治建设的力度。

那么到底什么是学生自治呢？陶行知认为：“在学生方面的学生自治是学生结起团体来，大家学习自己管理自己的手续；在学校方面是为学生预备种种机会，使学生能够大家组织起来，养成他们自己管理自己的能力。”学生自治是学生通过民主参与学校决策和管理的形式，进行自我组织、自我教育、自我管理和自我服务。加强学生自治建设是落实以人为本理念、建设和谐校园、培养社会化人才的重要途径。对于如何建设具有各校特色的学生自治，那就需要发挥我们不断探索实践的精神。

随着学校师生规模的扩大，以“1”管“50”的管理模式在一定程度上影响了学生的学习和成长。学校的学生自治组织其中包含大到学生会，小到班级个人，它们大多只是传达学校指令或意志，很少能代表学生自身权益的诉求。所以我们需要自治，可是并不意味着我们放弃了自由，要学会把握好力度。因为“过紧”会压制学生的积极性和创造性，“过松”则会无法约束，学生很可能会如一群脱缰的野马，四处乱闯。可是学生自治究竟应有多大的范围呢？

会计与金融学院成立不久，正在不断探索学生自治的管理模式。新生刚来到大学，对于各自秉性不同的陌生人组成的这么一个团体，如何做好班级自治管理？大学生活不同于中小学，同学们自己掌控着更多灵活的时间，对于这种生活规律的改变，同学间是否会产生分歧和不同观念？无可厚非的是，我们需要自律、自治，约束个人过分的欲望，控制自己的行为举止，防止为所欲为，共度大学时光。斯宾塞说，“教育的目的是培养一个能够自治的人，而不是一个要别人来管理的人”。班级自治管理可以将个人自治和班级自治结合起来，在学生自治中使学生“学会认知、学会做事、学会生存、学会共同生活”，更容易由学校过渡到社会中去。大一是班级自治管理的探索阶段，怎样把握好学生自治这个大方向，我们在思考和探索。

二、具体事例

对于刚踏入大学的新生，大一时期的班级自治处于探索时期。班级管理如何又好又快地由以“一”管“五十”的旧模式过渡到以“五十”管“五十”的学生自治新模式，对于每位班级管理者来说都是相当棘手的难题。

“五十”管“五十”的学生自治模式，以班级为载体，提供和创造学生主动成长的机会，以此来发展学生个性特征，激发学生主体意识，激励学生创新精神，体现学生实践能力，发展学生的自主性，是学生成长和发展的需要。从而使得每个学生能较充分地认识自我，自我管理，提高自身综合素质。

本班刚开始班级自治时，更多的是学习与模仿优秀案例，逐渐地在实践中，收获经验，融入本班特色，推出以下班级自治方案。

（一）推行“家”文化

“家文化”主推的班级自治方案是：“节假日留校的同学可以自行组织活动，活动项目经费可向班级申请。凡是符合该申请规定的，会在活动开展前生效并拿到相应的申请金额。”在该方案推出后，每逢节假日大家都会聚在一起，开展形式多种多样的活动，起到了积极、正面的效果。

另外，还开启“爱唠叨”温馨提示板块；“行李，不错呦！”帮拿行李活动……用班级的温馨、有爱、互助，给予每一名同学家的温暖。

班级自治中推广“家文化”，班上团结温暖的气氛更浓厚，更有利于班级自治的实行。建立了一种以学生为本，自我管理的观念，由学生自己去参与、去体验，培养了学生对个体发展的责任感，这对于以后走上社会，立足社会至关重要。

（二）建立宿舍长制度

在班级自治中，针对大学宿舍情况，规定以舍“管”取“诚”为原则，开展宿舍系列管理活动。在宿舍长制度中，很重要的一点是：强化宿舍长职能。

响应学校号召，开展“我爱我的宿舍与大学生需要努力学习”主题班会，制定出“FM1 宿舍守则”，同时赋予较大的执行力度。

宿舍长制对培养学生独立解决问题能力很重要。以宿舍长制这种班集体的共同活动、交往和良好的人际关系，将良好的道德行文规范转化为班集体的自我发展机制，促进学生个体的自我管控。

（三）特色主题活动

“FM1 代表大会”是本班典型的班级自治案例。各宿舍召开宿舍会议，商讨出具体提案，并派一名代表代表本宿舍参加“FM1 代表大会”。参会同学及全班同学针对宿舍代表的提案进行了提问、质询，举手表决，得票超过 2/3 绝对多数的提案才能通过，蕴含了“以人为本，自主管理”的理念。

“换届大会暨总结大会”一年召开一次，主要是选换班委，各班委做年度总结报告。

“FM1 美食节”针对大学班级中，同学们来自不同的地方，有不同的文化背景的特点，组织美食节活动。以“共享地方美味，共度 FM1 派对”为主题，鼓励各位同学返校时，带回自己家乡的特产。第一届美食节与每月一次的 FM1 派对联办，各位同学赚足了口福，品尝到了来自 20 多个地方不同的美食。

每年 6 月 8 日是财管 1 班男生节，又称女汉子节。女生集体重磅出招，歌舞同乐，带来许多美好的回忆。

“FM1 派对”的序幕已被拉开，财管 1 班在未来日子里将全力把“FM1 派对”打造成财管 1 班的品牌特色。班干部轮流负责每个月的“FM1 派对”，为生日之际的同学打造一个不同以往的生日，并为他们特地设计专有的礼物，如：个人系列明信片、个

人徽章……

大学生的心理发展日趋成熟，独立意识增强，热衷于独立自主地进行各种活动。自治组织举办的各种活动，锻炼了学生的能力，从中提炼出做人做事的道理。让学生成为班级的主人，较充分地实现了班级管理的人性化。以“五十”管“五十”的学生自治模式调动了每个学生的学习、工作积极性，加强了班级日常行为规范管理，实现了学生自治的有效化。

（四）班级财务制度

节约、高效、公开的收支原则，符合班级实践要求的班级报销程序，透明的班级财务公开与核查程序，保证了每一分班费取之于学生，用之于学生，合理支配。

三、经过与做法

（一）推行“家”文化

1. 逢年过节留校的同学可以自行组织活动，活动项目经费可向班级申请

节假前，发飞信给各宿舍长，要求统计好本宿舍留校过节人员的名单。生活委员将各宿舍长发来的名单汇总起来，通过飞信发信息给每位同学。让他们知道有哪些伙伴留校过节，方便一起组织节日活动。

通过飞信、QQ 群、微博鼓励大家一起组织活动，向班级申请活动经费。活动经费的申请流程：发起者向财管 1 班班委会递交简要的活动策划，内容包含：活动简要流程、经费预算（详列），经班委会讨论觉得方案可行，并根据要求递交的活动策划方案，给予部分或者全部经费支持。

在这一年里，冬至日我们一起到老师家煮汤圆；元旦表演完节目后，一起到音乐小镇吃饭；考完试，大家一起提前过新年，集体到音乐小镇打边炉；新年到了，宣传委员发起明信片送新年祝福活动，订制班级明信片，每一张都写上班级对大家的祝福；中秋节一起到操场赏月、聊天、玩游戏，回忆大学走过的一年，每个人都感慨万千。

班级自治不是想管制谁，而是想让每个在集体中的你，经历的时候是甜的，回忆起来是温馨的。

2. 开设“爱唠叨”温馨模板，把家人的每个细节呈现给每位同学

生活委员每天晚上在班级 QQ 群上，发次天的天气预报，有时候会根据天气预报内容，给予温馨提示。如天气预报为大暴雨、急降温等突发天气，生活委员就会利用飞信，将天气预报及温馨提示发信息给每位同学。若是第二天出现了天气预报中的突发天气，生活委员会提示各位同学，打个电话回家报平安，或者问候一下家里目前情况。

每逢节日，祝福短信肯定少不了。

鼓励同学们积极参加学校学院的各种比赛，赛前群发短信鼓励；在赛场上，会有由参赛者的舍友发起提议：一起到现场为参赛的选手助威、加油。赛后，视情况做出行动。

3.“行李，不错哟！”扛行李活动

该活动起源于班级当时办的“FM1 美食节”，返校的同学行李多，还要带上自己地方的美食，尤其女生，个个来电，苦于行李太重，下了车不知怎么办，请求帮忙。针对这样的情况，要求班委提前两天回校，发起“行李，不错呦！”活动。凡是返校的同学，必须给班长发信息，信息内容注明：到校时间、是否需要帮忙、名字。根据返校同学的情况，调配人手帮忙拿行李。

第一次的效果出乎预料的好。后来，大家形成了一种习惯：回家、返校行李或其他方面有需要，就按此信息的格式给班长发信息。每一次都能得到众多同学的积极响应，长此以往，班干部觉得可行，就把该活动作为正式的班级活动开展起来了。

民意的需求决定了班级的走向与规则。

（二）宿舍长制

第一，响应学校的号召，开展“我爱我的宿舍与大学生需要努力学习”主题班会，本次班会的流程：大四优秀学长学姐做经验介绍—垃圾复活（DIY 手工）—牛人牛舍规 PK。会后，根据各宿舍代表针对宿舍的提议，宿舍长与班干部商议定出“FM1 宿舍守则”，守则更多是给同学们作为参考，为宿舍长管理宿舍事务，提供一种参考方案。

第二，宿舍长要遵守舍“管”取“诚”的班级宿舍自治原则，而不是管理与被管理的宿舍管理模式，学会以诚待人、以诚服人。

第三，强化宿舍长的职能，加强宿舍长与班干部，尤其是班长和班主任，

彼此之间的联系、交流。要充分发挥宿舍长的作用，认真倾听宿舍长反馈的问题。我班收集信息一般以宿舍为单位，比如：学生信息统计，先由宿舍长统计核查好本宿舍收集上来的信息，再发给指定负责人，这样就提高了效率，关键是能保证信息的正确性。有时候班干部想传达一些通知，不便召开班会针对通知进行答疑，而通知可能会让部分同学有疑虑，甚至不满。这样的情况下召开宿舍长会议，往往效果会更好，由宿舍长回去答疑与安抚不满同学的情绪。为什么说这样做的效果反而更好呢？因为宿舍长与他们接触比较多，比较了解对方，更能找到正确的办法。在班会上，很多时候宿舍长作为该宿舍的代表提出意见与质疑，为舍友向相关负责人寻求合理的解释或者答案。

（三）特色主题活动

站在前人的肩膀上，坚持自治原则，融入本班特色，就形成了本班班级自治探索时期的特色主题班级活动。

第一，“FM1 代表大会”。“FM1 代表大会”是本班典型的班级自治案例。各宿舍召开宿舍会议，商讨出具体提案，并派一名代表代表本宿舍参加“FM1 代表大会”。参会同学及全班同学针对宿舍代表的提案进行了提问、质询，举手表决，得票超过 2/3 的提案才能通过，这蕴含了“以人为本，自主管理”的思想。

第二，“FM1 美食节”。“FM1 美食节”举办过一次，主题是：共享地方美味，共度 FM1 派对。在美食节举办前，专门在 QQ 群上开个专题聊天：我想吃你家的×××。很多人纷纷亮出自己的地方美食，呼吁要吃某某人某某地方的某某东西。顺便公布了美食节的流程，和需要他们做的准备工作，让同学们充分了解美食节的流程与目的，举办起来相对容易很多。

第三，每年 6 月 8 日是财管 1 班男生节，又称女汉子节，它是由女生发起的。整个男生节策划都在女生大本营进行，保密工作做得滴水不漏。第一届男生节的大体流程是喊楼—对歌—赠送礼物（5 个大西瓜）—过生日—快闪。有那么一群人想着在某一天给你惊喜，用心为你策划，想想都是幸福与感动。

第四，“FM1 生日派对”。“FM1 生日派对”是给当月生日的寿星特地开的派对，由寿星宿舍的伙伴负责策划，班委协助。每次的生日派对，班级都会为当月寿星订制专属于他们自己的生日礼物，代表的是班级的一种祝福。

第五，“换届大会暨总结大会”。换届大会是大一的班委最后一次组织的班会。大家的积极性很高，有很多同学希望尝试学生自治管理的经验。通过自我推荐演讲、民主投票选举，公开、公正地选出新一届的班委。我们一步步走来，班级自主管理工作也在不断探索，不断进步。希望大一的经验能带给大二更多的欢乐与更好的自主管理。

（四）班级财务制度

1. 收支原则

节约、高效、公开。采取两个生活委员的管理制度，一人管账，一人管钱。

2. 报销程序

（1）免费开发票，定期发票报销。

（2）如果开发票需要额外的费用，可用收据、购物单代替报销。

（3）如果购买点既没发票开也没收据、购物单，购买者要书写一份报销单，内容包括物品名称、数量、单价、总额、购买时间地点及购买用途，书写完毕，找班长签字。经班长核查相关内容无误，班长亲自通知生活委员，给予报销。

以上几点报销，还需额外给生活委员发一张购买的全部物资的照片，报销程序才可最终生效。

3. 班费的公布与核查

本着公开、透明的原则，班费使用情况要定期公布。公布时间是每两个月一次，如果使用得过于频繁就每个月公布一次。公布方式是在班级 QQ 群上共享来公布，并附上相关物资照片，每次随机抽两名宿舍长核查。

4. 班费花销账目

班费缴纳登记表

缴纳时间	缴纳单位（个人）	总金额	备　　注
2012 年 9 月 16 日	45 人	23 元/人	买书剩余金额用作班费
2012 年 9 月 17 日	45 人	45 元/人	买作业本剩余金额用作班费
2012 年 10 月 10 日	45 人	50 元/人	其中的 32 元/人用于全班同学购买的班服
2012 年 12 月 19 日	44 人	15 元/人	无

续表

缴纳时间	缴纳单位（个人）	总金额	备　　注
2013 年 4 月 9 日	44 人	30 元/人	无
2012 年 9 月—2013 年 6 月		共缴纳班费 4 298 元	无

班费支出登记表

时　　间	用　　途	金额/元	报销人	备注
2012 年 10 月 10 日	交团费	43	张娜	团员共 43 人
2012 年 10 月 24 日	打印高数试卷和学生课表	18	张娜	无
2012 年 11 月 1 日	打印资料	12	周丽惠	无
—	班聚材料	123	蔡晓通	无
2012 年 11 月 3 日	购买班服	1 504	蔡晓通	辅导员和班主任各一件
—	购买运动会所需物品	126	林卓生	无
2012 年 11 月 20 日	主题班会 FM1 材料	157.5	蔡晓通	无
2012 年 11 月 28 日	团日活动（张丽莉）材料	6.3	梁斯敏	无
2012 年 12 月 1 日	打印高数试卷和英语作文	23.5	张娜	无
2012 年 12 月 13 日	送别晚会	209.5	周丽惠	无
2012 年 12 月 14 日	制作班级纪念品材料	80.5	梁斯敏	无
2012 年 12 月 21 日	冬至做汤圆材料	86.5	周丽惠	无
2012 年 12 月 26 日	送别晚会礼物报销	215	黄琪丹	卢坤烨去当兵
2013 年 1 月 3 日	学院元旦感恩晚会活动费用	187	蔡晓通	无
2013 年 1 月 7 日	复印高数试卷和答案	45	张娜	无

续表

时　　间	用　　途	金额/元	报销人	备注
2013 年 3 月 3 日	新年礼物和明信片邮费等	145	蔡晓通	无
2013 年 3 月 7 日	复印高数测验卷	27.4	张娜	无
2013 年 3 月 23 日	班级纪念品材料	171.5	梁斯敏	无
2013 年 4 月 15 日	评选优秀团支部打印资料	7	邵敏玲	无
2013 年 4 月 18 日	打印高数测验卷和英语单词	57.3	张娜	无
2013 年 5 月 20 日	5 月份 6 名同学生日礼物	60	林卓生	无
—	女生节早餐 48 份	288	蔡晓通	无
2013 年 6 月 16 日	男生节和 6 月份同学生日礼物	82	周丽惠	无
2013 年 6 月 17 日	打印高数试卷	18	张娜	无
2013 年 6 月 18 日	送给老师的纪念品	180	蔡晓通	6 位老师
2013 年 7 月 4 日	团支部收取关于扶贫的团费	2×42=84	邵敏玲	无

备注：2013 年 10 月 15 日，班级自主选出新一届班委。班费余额和资料经前任生活委员林卓生转出，交新一届的生活委员。班费共使用 3 957 元，剩余 341 元。

班级实行以上的这种财务制度，充分保障了各位同学的切身利益。实现了公平、公开、公正，有利于班级自治工作的开展。

四、主要成效

在过去的一年里，2012 级财管 1 班在班级自治管理方面努力探索前进着。通过民主投票形式选出班委进行自治管理，探索出特色的班级自治管理模式，并取得显著成效。

（一）班级制度建设

班规。它进行自治探索，创立了特色的班级自主管理方案，并逐渐突出其特色。

班级在学习方面经过探索，设立出“FM1 自习专区”，每周一次班级组织的学习时间。在班内成立学习小组，对高数采取“一帮一”的帮扶计划，对英语采取多听、多练的方法，在专业课方面采取上课专心听讲，课后自主完成练习的学习方法。

舍规。

相对制定出宿舍规章制度，充分保障同学宿舍安静的学习、生活环境。

财务制度。

通过两个生活委员的相互监督和管理，缴纳的班费跟其他班差不多，但是班级组织的活动相对丰富多彩。

（二）学业成果

1. 奖学金获得情况

2012—2013 年第一学期度财管专业奖学金分析 人

班级	奖学金总人数	特等奖	一等奖	二等奖	三等奖	前 10 名	补考人数
财管 1 班	20	2	3	4	11	4	7
财管 2 班	19	1	3	8	7	2	1
财管 3 班	9	0	1	4	4	0	6
财管 4 班	7	0	3	0	4	1	5
财管 5 班	14	0	1	8	5	1	9
财管 6 班	13	0	2	4	7	1	6
财管 7 班	7	0	1	1	5	1	10
总计	89	3	14	29	43	10	44

2012—2013 年第二学期度财管专业奖学金分析 人

班级	奖学金总人数	特等奖	一等奖	二等奖	三等奖	前 10 名	补考人数
财管 1 班	17	1	2	6	8	2	10

续表

班级	奖学金总人数	特等奖	一等奖	二等奖	三等奖	前 10 名	补考人数
财管 2 班	19	1	5	5	8	4	2
财管 3 班	14	0	2	3	9	2	10
财管 4 班	11	1	2	3	5	2	5
财管 5 班	13	0	3	4	6	0	1
财管 6 班	18	0	2	8	8	0	4
财管 7 班	9	0	0	4	5	0	6
总计	101	3	16	33	49	10	38

2. 英语四级通过率分析

大一报考英语四级考试有 23 人，通过的有 20 人，通过率约达 87%。

（三）活动方面

通过调动全班的聪明才智参与班级建设这个过程，增强学生自己管理自己的经验，自我组织、自我服务，推进大学班级自治。

1. 主题班会方面

主题班会相关内容

主题班会	总花费/元	出席人数/人	出席率/%	关键词
FM1 high time show	123	43	96	感动、温暖、对未来憧憬、希望
FM1 生日派对	157.5	34	77	惊喜、难忘
送别晚会	209.5	39	87	梦想、学会坚强、祝福
FM1 美食节	96	30	68	分享、甜蜜
FM1 代表大会	0	37	84	学生自治管理、民主、提案、表决通过
女生节	288	44	100	幸福、开心
男生节	82	40	90	搞怪、欢乐

备注：《FM1 代表大会》新闻稿曾发表于学校官网、学院官网；《FM1 high time show》新闻稿曾在学院官网发表。

2. 元旦晚会《快乐你懂得》

学院的元旦感恩晚会上，班级同学自主编排的歌舞表演《快乐你懂得》，经长时间的辛苦演练，过关斩将，从初赛一直到站在元旦晚会的舞台上，表演大获成功，尽情展现出班集体的热情与力量。

（四）班级荣誉

1. 班级获奖

（1）获得校级“先进团支部”。

（2）获得校级“先进班集体”。

（3）在学院举办的“班徽班服”比赛中，获得“最佳创意奖”。

2. 个人获奖

班集体的成员都很认真优秀，积极参加学校的比赛，为班级赢得各项荣誉。即使没有获奖，但是在参赛过程中也学会很多自我组织管理的经验。

（1）张爱妍：获得校级财会大赛一等奖。

（2）杨泽贤：获得校级“延河杯”征文大赛一等奖。

（3）杜枫枫：获得校级书画大赛二等奖、校级心理健康节征文比赛优秀奖。

（4）张娜：其所在宿舍获得校级三星级宿舍。

（5）洪家宝、李晓蕙、柳丹虹、胡诗慧：其所在宿舍获得校级四星级宿舍。

五、思考与启示

第一，学校和全体学生都要把班级自治作为大事看待，认真去做。班级自治对提高大学生自主管理能力，对建设民主、自由、和谐校园，对社会人才的培养等具有重大意义，这在世界范围内已得到认可和重视。

第二，班级自治如同地方自治，地方自治有自主权，那么班级自治也理应拥有相应的班级自主权。班级自治之权出自学校，学校应认同这点，学校和学生共同自治。同时，学校可给予班级自治适当的自由自主权，让学生有更多的空间去发挥。但是要注意对学生能够自治的权利和范围进行必要的限制，考虑到学生的年龄和资历，自治权利不当可能引发权利滥用等各种问题。

第三，班级推出或组织某项规定、活动，都应征集学生的意见或建议，执行者要清楚整个规定或整个活动策划，不得含糊。并形成充分的舆论宣传：评议会、征集会等，让学生充分了解，便于方案的推行。

第四，推行“五十”管“五十”的班级管理模式，舍弃以往“一”管“五十”的旧管理模式，建立民主的班级管理制度，如班级财务管理制度、班规、舍规等。学会自我组织、自我管理、自我服务、自我提升。

第五，班干部要各司其职，哪怕某个班委完成的效果只有一半，也不要打击他为班级服务的热情，给予他掌声。能力可以在一次次的锻炼中提升，而找一个能一直全心全意为班级服务的班干部，实属不易。

第六，突出宿舍中宿舍长的地位，以诚待人，而不是管理与被管理的模式。营造出一种“家”的氛围，大家自由言论，对班级管理有什么建议可通过宿舍长反馈给班干部。

第七，学校和全体同学对于学生自治的问题，可采取一种试验的态度，不断探索，不断改进。章程不必详细，组织不必细密。一面试行，一面改良，途中会有阻碍，但相信终会胜利。

班级自治可能会遇到以下几个常见问题。

第一，闹意气的学生凭借自治的机会，多发言论，多立主张，多办交涉，一不小心，大家即刻闹出意气；再由闹意气而彼此分门别户。容易意气用事的学生有自治的机会，要清晰谨慎，做到公开民主，征集大家的意见做事，多翻阅资料。

第二，班委对班级自治认知程度及管理力度把握不好，会使同学对班干部依赖过多，导致学生难以培养独立思考、判断的能力，这点需要多吸取经验，多注意。

第三，众所周知，大学生来学校的主要任务是学习，而不是从事管理学校的工作。繁重的学业使我们没有太多时间、精力去参与学校和班级的管理。同时由于知识和经验不足，推出的方案难免执行力度不足。

新生学长制

◇实施单位：工业自动化学院

当代大学生多是独生子女，从小到大都在众星捧月的环境里长大，往往形成了依赖性强、独立意识弱和自理能力差的性格行为特征。独立学院是我国高等教育大众化的产物，招生规模相对较大，故在对这些“90 后”的教育和管理中面临着更为严峻的考验。

学长制管理模式作为近年来新兴的大学生教育管理制度已经被越来越多的国内高校尝试和实施，并获得了一定成效。作为一所独立学院，较大的招生规模是其优势，如何充分利用高年级学生的数量资源和熟悉大学生生活的优势，进一步挖掘和培养高年级大学生的责任意识和综合能力，引导新生在最短的时间里熟悉和融入大学学习和生活环境、科学规划自己的大学生活和奋斗目标、促进学生健康成长和全面发展、以具体实践来探索这一新型学生管理模式就显得尤为重要了。

为此，我校积极在学生管理模式等多方面展开了积极有效的实践与探索，其中学长制管理模式在我院试行已有 5 年，并在学生中赢得了广泛好评。

一、案例所述项目（事件）的产生和发展描述

（一）学长制的由来和发展现状

学长制（Student Mentoring Scheme）是一种学生管理的辅助机制，主要是从高年级学生中选聘一些品学兼优的学生来协助班主任和辅导员，对大学新生进行指导、教育和管理的学生工作管理模式。

15 世纪英国的伊顿公学首创“学长辅导制度”伊始，学长制即受到外国高

校的广泛关注，并在流行中得到不断发展创新，如日本的早稻田大学将学长制纳入学分管理，对学长的实践活动给予成绩登记；西澳大利亚大学将其“学长辅导制计划”纳入新生始业教育的重要内容。20 世纪 90 年代学长制传入我国，为香港城市大学首倡，并在香港各大、中学校广泛应用，随后，北京大学、上海外国语大学、中山大学等几十所高校也相继推行，至 21 世纪初，以班主任助理为核心的新兴学长制开始在国内高职院校兴起。历经十余年的本土化发展，学长制被赋予了更多现代意义，在高校学生管理中显示出强大的生命力，也吸引了较多教育和管理学研究者的目光。但目前国内相关研究主要集中在学长制的外因类（如就业形势、高校现行管理体制）必要性分析、同类制度（如辅导员制、导师制）比较分析和实践经验总结等方面，对个案以就事论事的方式提出的对策普适性差，更缺乏深层的理论分析。鉴于当前国内学长制研究尚未明确提出理论依据，本文试图从大学生心理需求本质出发，探究学长制的作用和发展问题的成因。

（二）我院学长制的发展历程

为解决学生数量连年增加带来的压力，开辟提高学生管理质量的新渠道，我院从 2011 年开始试行新生学长制。第一届新生学长是由辅导员在各班级的优秀学生中指定，每位学长分派负责 3～4 间宿舍；第二届学长开始实行选拔制，通过自愿报名和辅导员面试两个环节挑选新生学长，并组织岗前培训、考核、评优等，同年 12 月，学长部成立，同学生会等社团划归团总支管理；第三届学长开始逐步走向规范，除选拔、培训、迎新、日常管理、考核、评优等较成熟机制外，还拓展了定期交流会、学长沙龙等互动活动；第四届学长制工作尝试了更多的创新，如根据日常工作的标准，举办学长基本功大赛，以赛促建，提高学长制在学生当中的影响力。经过五年的探索和实践，从最初被指定的寥寥数人到目前逾 300 人的报名规模，学长制在我院的影响力越来越大，发挥的作用，特别是应对突发事件的作用越来越突出，同时，学长能协助辅导员解决很多事务性工作，让辅导员有更多的时间来对学生进行引导和教育。

二、案例事件的运行机制

自 2011 年开始，我院根据独立学院学生自身特点，经过深入调查研究和广泛讨论，实行学生管理新举措，试行学长制。通过 5 年的试行，“学长制”这一学生管理模式取得了较大成效，为我院学生自治工作积累了大量的宝贵经验。

（一）以活动促发展、获经验

在我院学生工作办公室的指导下，以团总支学长部牵头，利用学长的自觉性、创造性，举办各种与新生、学长密切相关的活动，力求提高学长的“自我教育、自我管理、自我服务”的意识与能力。

1. 学长选拔活动

学长选拔活动是学长制工作中最为重要的一个活动，是学长制血液更新的来源，作为选拔性的学生活动，学长选拔活动可以提高学生的竞争意识，锻炼学生的面试技能，提前感受职场的面试氛围，为他们将来进入职场练兵备战，对于学生来说也是一次不可多得的锻炼机会。

在每一学年第二学期的第 15～17 周，由我院辅导员、新生班主任组成的面试组，对报名竞聘的大二、大三学生进行两轮面试选拔，从中挑选一定数量的优秀学生担任学长，辅助班主任和辅导员做好大一新生的教育管理工作。

2. 学长参与迎新工作

从 2012 学年开始，我院根据学校迎新工作安排，结合我院实际情况，连续两年组织我院一年级学长参与我院迎新工作，为我院入学新生提供真诚的服务。在新生接受入学期间，我院利用学长熟悉大学生活的优势，组织大二学长带领新生熟悉校舍、参观实验室。

3. 成立学长部，实现学长自治

2012 年 12 月 18 日，我院为了更好实行学长制，正式成立了学长部，用以引导学生自我教育、自我管理、自我服务。学长部隶属学院团总支，由团总支统一领导和管理，工作职责包括管理并汇报新生班级近况、学长工作安排以及学长考核等方面。学长部的成立，将解决学长制在运行过程中出现的学院指令无法有效传达、跟踪反馈不到位的弊端，通过进一步规范学长的工作，从而进一步加强学生的“三自”作用。

4. 学长自发慰问军训学子，创新自我服务

2013 年 3 月 8 日，在团总支学长部的发起下，2012 级全体学长自行组织慰问正在军训中的新生。慰问活动中，学长与新生开展了极富军训色彩的拉歌比赛。本次慰问学生活动，是今年我校军训中，唯一一次由学生自发组织的大规模慰问活动；同时也是我院学生自我服务的一次大胆创新，彰显我院精神，弘

扬学长文化。

5. 学长主讲安全教育，自我教育多样化

在工作期间，我院学长在新生辅导员、班主任的指导下，根据自身的亲身经历与经验，通过主题班会、走访宿舍、电话沟通、QQ 聊天等形式，对新生进行入学安全教育，使新生树立安全防范意识，提高安全防范与自我保护能力。2013 年 1 月 8 日，我院学长部自行组织举办安全承诺书签订和宣誓仪式，使新生明晰安全事故的危害，树立法治观念、安全意识和责任意识。学生自我教育多样化，以学长的微力量，推动校园安全教育的稳步前进，共建平安校园。

6. 以活动为桥梁，促学长新生多交流

在每一年的学生工作中，我院针对大学生的年龄特质，组织了一系列文体活动，如：运动会、辩论赛、素质拓展活动、团日活动。在举办活动的同时，我院要求新生班级的学长积极参与到新生的活动中，加强与新生们的交流，增进彼此友谊，传播学院文化，增强对学院的归属感和集体凝聚力。

7. 以赛促建，提高影响力

在每一年的第二学期，我院根据学长工作的要求，组织学长基本功大赛，在以下三个方面进行：学长了解班级学生的情况考核、处理学生突发事件的能力以及个人特长的展示，通过大赛可以增强学长对基本知识的掌握和应用，同时，提高学长制在我院学生中的影响力。

（二）以调研寻问题、查不足

自学长制试行以来，我院定期组织人员调研学长制的发展情况，通过座谈会、访谈、问卷调查等形式，试图查找学长制在试行过程中出现的问题与不足，并寻找行之有效的解决办法。

1.“学长制”交流系列座谈会

定期组织班主任、学长、新生召开学长制座谈会，就每个阶段学长的工作情况进行总结分析，针对不足之处提出改进方法，针对不良情况提出改善措施，针对先进事迹进行宣传号召。通过一系列座谈会的交流学习，学长们深化了自己对学长制的理解、对自己学长职责的认识，对“三自”理念的看法；同时，新生对学长制的认识更为深刻、具体，成为学长的渴望日益强烈。

（1）一年级新生代表座谈会。

通过邀请一年级部分新生代表参与座谈会，力求深入了解新生对学长工作的看法与意见；

（2）一年级学长座谈会。

通过召开一年级学长座谈会，全面了解学长在工作过程中发现的问题以及相关经验教训，总结学长工作的成果，并为学长制的发展提供行之有效的建议。

（3）一年级班主任座谈会。

通过召开一年级班主任座谈会，讨论学长在配合、协助班主任工作中存在的不足与经验，探索班主任与学长工作开展的新思路。

2. 学长制问卷调查与访谈

问卷调查针对机械与车辆学院一年级新生和学长进行，通过问卷调查，较全面地获取新生和学长对学长制的一般评价和建议。

访谈以北京理工大学珠海学院部分在校学生为样本，根据事先设计好的问题开展访谈调查。通过访谈，试图大致了解所选样本对我院学长制实行情况的看法、建议，以此寻找我院学长制需要改善的地方。

（三）以制度抓规范、提成效

1. 以制度规范学长言行，树立先进榜样

我院学生工作办公室根据学长制试行过程中出现的问题，结合学长的工作特点，制定出台《机械与车辆学院学长管理规定》，规范学长的工作言行，力求使学长在一年级学生中树立先进榜样。

2. 以制度规范活动流程，打造精品活动

结合我院学长活动的特点及经验，针对目前活动举办过程中存在的不足，我院学工办制定出台了《机械与车辆学院学长选拔工作实施细则》等管理办法，有效地规范了我院学长活动的举办，提高了学长活动的质量与影响，为打造精品学生活动提供了样板。

3. 以制度规范自治模式，促进良性发展

学长部是我院学长自治探索过程中的重要举措，该部门的工作是否规范影响了我院学长制的发展。我院学生工作办公室根据学长制发展的需求，结合学长工作的特点，特制定出台了《机械与车辆学院学长部章程》，明确了学长部的部门属性、工作内容和人员设置，进而促进了我院学长制的良性发展。

三、项目的绩效和特色亮点

学长制自试行以来，赢得了在校师生的广泛认可，获得较丰富的管理经验和成果。通过一系列的问卷调查、座谈会、访谈，我们发现学长制产生了多方面的成效。

第一，学长制增强了学生自我教育、自我管理、自我服务的能力，丰富了高年级学生的工作经历，提高了他们适应社会以及面对问题、解决问题的能力，增强了工作责任意识，开阔了他们的视野，扩大了学生的交际圈，加深了同学之间的深情厚谊。

新生学长制充分发挥了高年级学生熟悉大学生活的优势，帮助一年级学生更快地适应大学生活，有利于不同年级之间的学生取长补短、共同进步，营造良好的学风、校风。

第二，学长制符合当代大学生的身心特点，有利于提高学生自治能力。学长制学生管理模式的核心在于科学激发学生的自主性。它充分抓住当代大学生热切期盼自由发挥主观能动性的特点，借助规范化的组织（如我院团学会学长部）将“自我教育、自我管理、自我服务”的理念融入学生的自主管理中去，是大学生心理学在学生管理研究工作中的成功实践。学长制让学生加入学院的管理工作中来，是对固有的学校管理体系的一种革新，对充分调动和发挥学生资源和管理能力也有着积极的意义。此外，学长制管理模式在华南地区的高校中尚不多见，对学生自主管理的实践将在一定程度上弥补此类研究的不足。

第三，通过学长身体力行地传播学院文化，树立学长榜样，促使新生形成了“大一接受学长服务，大二当学长奉献服务”的良性循环，通过问卷调查，超过 60%的学生表示愿意竞聘新生学长，为低年级的同学服务，帮助他们早日适应大学生活。

第四，学长制的试行，及时、有力地帮助低年级学生克服了面对大学新环境的心理压抑、紧张、焦虑和过度放松等问题，帮助他们适应了大学校园生活，协调了低年级学生的人际关系使其能够和谐相处，及时帮助低年级学生解答了学习的困惑和疑问，并指导低年级学生树立正确的学习目标。

以往学生事务主要由辅导员负责，在听取同学意见的基础上贯彻实行。学长制打破了传统新生管理和引导模式，将新生事务交由学长部负责，新生学长们将会更多地听取同学们的意见，也更了解同学们的意愿，能够以更易于同学们接受的方式实行、开展各项工作。无论从年级工作的内容方面还是执行上来说，都比传统方式更顺应学生的意愿。

第五，通过学长制的试行，我院目前已经形成“有困难找学长”的学长文化，并深入新生的心目中。一直以来，学院上下都倡导、建议新生“有困难找学长”。经过培养，学长现在作为一支独特而强有力的队伍，对学院的学生管理工作发挥着巨大作用，成为辅导员与班主任的得力助手，有效分担了辅导员的工作压力。

第六，通过举办一系列富有学长特色的活动、加强学长制品牌宣传，学长制这种工作模式已经被我院师生广泛了解，形成了较大的影响力与知名度。经调查，我院超过 98%的同学认可或满意学长制，超过 80%的同学对学长制有所期待。

第七，学长制目前朝着规范化、制度化的方向发展，并取得较大的进步。我院力求通过设立学长部，探索学生自我管理的新模式，也是学生自治的又一次大胆创新。自成立以来，学长部积极发挥部门职能作用，不断完善出台与学长制相关的规章制度，以恰当的方式引导、规范学长的工作作风与工作方法，促使我院学长制形成较为完善且行之有效的学长管理体系，对学长工作发挥了巨大的作用。

四、对开展学生工作的思考

机械与车辆学院学长制的试行，是独立学院学生“自我教育、自我管理、自我服务”实践探索中一次大胆、果敢的创新，这一工作模式使机械与车辆学院的学生管理工作水平迈上了一个新的台阶，为北京理工大学珠海学院探索学生自治，提高学生自我服务、自我管理、自我教育提供了参考的样本。

学长制学生管理模式的核心在于科学激发学生的自主性，它充分抓住当代大学生热切期盼自由发挥主观能动性的特点，借助规范化的组织（如本院团学会学长部）将“自我教育、自我管理、自我服务”的理念融入学生的自主管理中去，是大学生心理学在学生管理研究工作中的成功实践。学长制让学生加入学院的管理工作中来，是对固有的学校管理体系的革新，对充分调动和发挥学生资源和管理能力也有着积极的意义。此外，学长制管理模式在华南地区的高校中尚不多见，对学生自主管理的践行将在一定程度上弥补此类研究的不足。

实行学长制，有利于充分发挥高年级学生熟悉大学生活的优势，帮助一年级学生更快地适应大学生活；有利于增强学长的责任意识和综合能力，促进自身的全面发展；有利于充分调动和培养学生团结互助精神，更大范围、更深层次地强化学生“自我教育、自我管理、自我服务”的意识与能力，营造良好的学风、校风，取得了良好的教育和管理效果，并能够为克服当前大学生教育管理中的缺陷和不足做出有益探索。

让学生成为班级的主人
——2011级自动化班级自治委员会的探索与实践

◇实施单位：信息学院　2011级自动化专业

一、背景与问题

随着高等教育的大众化，精英教育下的学生管理已经不适应现有学生的需求，学生个性的张扬和心理问题的突出，越来越受到人们的重视，国家和高校对大学生思想政治教育和辅导员队伍建设也越来越重视，并制定了一系列的规章和制度，也对辅导员管理下的学生人数有所要求，根据我们学校的平均水平，一位辅导员管理约400名学生，而信息学院在这个平均水平之上，这对辅导员如何管理提出了新要求。由此，通过辅导员负责下的班级自治管理也许是辅导员开展班级工作的较好途径。

二、具体事例

2011级自动化专业是我从事辅导员工作后所带的第一批学生，一共8个班，刚开始是368个学生。对于刚参加工作，并且刚接触学生工作的我来说，这是一个极大的挑战，虽然以前读书时有过学生工作的经验，但是作为一名辅导员，要做368个学生的灵魂工程师，实属不易，因此，在工作之初，就询问了一些有较长学生工作经验的前辈老师，也上网查询了一些先进的学生工作经验，最终决定在2011级自动化8个班实行班级自治。

班级管理作为一项面向未来培养新人的教育活动，需要教育者在管理活动中重视学生的主体意识，调动学生的积极性和主动性，以培养学生自我管理、自我教育、自我发展的能力。自从我国著名教育学家陶行知先生提出“学生自治”的概念以来，许多教育工作者都对它进行了卓有成效的探索，我也就自己在从事学生管理工作中不断积累与改进的班级自治经验做以下探讨。

坚持以学生为主体，充分发挥学生的主动性。培养学生的自治组织管理和协调的能力，提高学生的整体素质。通过“自我管理，自我教育，自我成长”的历练来体现学生的“自理，自信，自强，自立”，一切为了学生的发展，促进学生健康成长。为学生未来发展做准备，打造学生自主管理特色和良好的校园文化，达到管是为了不管的教育目的。

三、经过与做法

（一）成立班级自治委员会，强化督查

班级自治需要权责明晰、分工科学的执行机构。在实践中我倾向于成立班级委员会，并把它与传统的班干部模式结合起来，设置尽可能多的岗位，如“后勤委员”“考核委员”等，他们都对自治委员会负责人（即班长）负责，辅导员担任委员会顾问。委员竞选采取自由竞聘的方法，通过演讲、测试等方式产生，竞选成功的学生要与辅导员签订任职协议，履行相关的职责、权利和义务。

有的同学提出疑问：“委员会是否公正？”“有无人情事务的可能？”为了消除大家的顾虑，使班级自治更加透明、公平、公开，我又在班内让学生投票选出最信得过的同学组成督察小组（类似机关的纪委），对委员会成员的工作进行监督检查，从而从根本上制衡了委员会的权利，杜绝了不公平事件的发生。

（二）制定规章细则

没有规矩，不成方圆。学校有比较完备的各种规章制度，但是由于专业和专业的差别，实际管理中也有许多不同，有些规章制度就显得缺乏可操作性，不太人性化。因此，我就结合班级实际情况，在各个班级里广泛征求意见的基础制定了更加具体可行的《班级自治实施条例》，适用在自动化 8 个班，并要求每个班在班会上进行宣读，并且让全班同学讨论、修正、完善，使它真正成为学生们自己的“法律”，在自治委员会成立的同时，宣布班级管理自治条例正式生效并开始运行。

班级管理自治条例涵盖了日常纪律、文明礼仪、节能降耗、考评考核等各项制度和奖惩条例，这些详细的阐述和说明，既为学生们的行为提供了日常规范，又避免了班级管理中的随意性。

（三）加强班干部队伍建设

班级自治委员会委员是班级管理中的重要角色，是辅导员的得力助手，因此，建设一支团结协作、追求卓越的班干部队伍至关重要。委员会各成员受年龄和阅历的局限，工作能力也有强有弱，因此，我把相当的时间和精力放在每个班干部的培养上。一是经常组织委员会成员召开会议，与他们交流班级管理工作的方法，指导他们如何更好地开展班级管理工作；对那些自身存在或大或小问题的成员，则采取单独交谈的方式，分析他的问题，并严肃指出，限期改正。二是开设班干部培训班，礼仪课余时间，将管理理念、管理方法、处理人际关系能力、逻辑思维方式、如何应付突发情况等知识传授给委员会各成员。三是在评先评优上给予委员会成员适当照顾，例如奖学金评比的时候除了给予干部加分外适当地给以一点额外加分，并在评优秀学生与优秀学生干部时同等条件下优先考虑自治委员会成员，既不使其他同学产生抱怨，又能充分调动干部们的主动性和积极性。

（四）充分放权，做好后勤

如果辅导员手握“大权”不放，仍然负责具体安排和事务执行，仅让自治委员们成为苦力和传话筒，或完全成为服从者，班干部管理时就缺乏活力和主动性，其作用就大打折扣，实际上还是辅导员独打江山，苦累不堪。所以，真正有效的班级自治需要辅导员授予班干部足够的自主权，以增强其成就感和责任心，让他有足够的权力正常开展工作，作为班级实际和最终的决策者，辅导员能从琐碎事务中跳出，只保留审批权和决定权，节省大量的时间和精力。同时，班干部通过自治活动，能力也得到培养和展示，成绩得到了师生及自我的多重肯定，使他们成为同学眼里尽职尽责、能说能做、为班级谋利益的班干部，班级也因为自由的氛围和合作参与而随之朝气蓬勃。

（五）开展丰富多彩的自治活动

丰富多彩的自治管理活动是班级自治文化的重要组成部分。这些活动的开展，是学生自主持续发展和班级自治文化建设的必由之路。

除了日常的课堂、课外活动以外，还可以组织形式多样的自治活动。如开设自治信箱，鼓励同学为班级管理建言献策；并在他们刚入学的时候开展班徽设计、创作班歌、制作班旗等活动，营造浓厚的班级文化色彩；并充分挖掘班上各个同学的各项兴趣与天赋，举办读书俱乐部、球迷协会、班级文化艺术展、骑行活动等业余爱好组织，丰富班级课外生活，提供更多展示自我的机会，增强大家的凝聚力和向心力，促使全班同学都尽其所能地服务集体，发展自己。

四、主要成效

班级自治委员会成立的初级目标是学生的学习生活自治，培养学生自强、独立自主生活学习的能力，强化每一个学生的自我管理能力和自主创新意识，让学生学会生活、学会做人。自治管理的第二层是学生的活动自治。无论是学校举行的各种集体大活动，还是班级组织的小游戏，都要求班委会积极组织，要求每个学生都参加，使人人都在组织中，人人都在活动中，树立“班兴我荣，班衰我耻”的使命意识。这样，大家心往一处想，劲往一处使，增强了班集体的凝聚力，每次活动结束后，班干部都进行总结或评比。班级自治管理的最高境界是学习的自主，个人的自律。通过以上两个层次的自治管理，学生的纪律表现不断进步，学习态度逐步端正，良好的班风学风逐渐形成。

五、思考与启示

学生自治的开展，不仅有利于学生民主意识的培养、创新精神的锻炼，有利于调动学生爱校护校的积极性，缓解学校管理的压力，更重要的是，只有正确的学生自治，才能培养出中国特色社会主义合格建设者和可靠接班人。

班级自治可以培养学生的参与意识、创新意识和民主意识。班级自治的过程就是同学参与的过程，每位同学都是班级的管理者，这样可以大大提高全体同学的参与热情，在每次的参与过程中逐步培养起同学们的参与意识。在管理班级服务同学的过程中，集中全班同学的智慧，找亮点求创新，激烈地进行讨论，最终做出决定，还必将不断提升参与者的民主意识和创新意识。

班级自治可以培养学生发现问题、分析问题、处理问题的能力。在班级自治的过程中，班级的管理和服务不是个别学生和少数学生的事情，而是需要全体同学的参与，所以，产生问题和分歧是很正常的，要引导学生矛盾中找问题，然后问题里找办法，逐步培养起发现问题、分析问题、处理问题的能力。

班级自治的主体是班级的全体同学,每一位同学都是班级管理团队的成员，在班级自治管理的过程中他们必将相互接触、相互交往，每个人的性格、优缺点都可以在班级自治的过程中不断得到发展和完善，同时，他们协作的好坏和团队协作的程度，将反馈在班级自治的成果上，辅导员老师可以第一时间和直接地觉察到，并对其培养和完善，从而不断提高学生的协作与团队精神。可见，班级自治实现的过程也是大学生自身发展的过程。

我的党课我做主
——信息学院“微型党课”助推学生党支部自治建设

◇实施单位：信息学院　党总支

信息社会日新月异，如今信息以微博、微信等各种精简的方式迅速传播，让人们感到一个“微时代”已经到来。微时代对独立学院党建创新提出了新要求。在学校深入开展学生自治教育实践活动中，信息学院学生党支部注重以“微型党课”作为加强党员教育的切入点，为大主题找到小切口，把大道理化作小事例，取得了良好的教育效果。

“微型党课”，就是让普通学生党员走上讲台，以身边人、身边事为切入点，用自己的语言畅谈党性观点，给人以启迪并产生共鸣的一种党课创新形式。从2010年开始，信息学院学生党支部便在党员教育过程中推进“微型党课”项目，旨在提高学生参与党课学习的积极性和主动性，增强党课内容的趣味性和互动性，“微型党课”突出创新、实践为本，充分调动学生党员的积极性和主动性，引导其进行自我教育、自我管理、自我服务。

一、背景与问题

每一个大学生在入党的过程中都要进行一项很重要的活动，那就是接受思想教育，在漫长的发展过程中，党课俨然已经变成了思想教育的一种重要载体。党课收获了快速而且高效的发展，与此同时，一届又一届的学生党员在党课中收获自己，成长自己，发展自己，充实自己。而党课也从最开始的单一授课获得了巨大的发展，由黑板旁边的口传笔录，到现在的言传身教，由单一的课本知识，再到现在的言传身教，这无疑是对党课本身的一种最高度的肯定。但是，在高速发展的现代生活中，每个人的生活都越来越充实，越来越繁忙，部分党员党性修养存在的问题日益凸显，高校学生党建工作正面临新形势和新挑战。

目前，大学生党员教育存在一定程度的问题，举例来说，由于过度的追求党课的数量而忽视了党课的质量，由于重视党课的教育而忽略了学习本身时间的安排，由于过度注重党课的成果而浪费了上党课的使用资源。那么，在新形势下如何提高学生党课的党性含量，发挥学生党课先锋模范作用，已成为独立学院学生党建工作面临的一项重要紧迫的课题。为此，信息学院学生党支部以提高学生党员的党性修养为切入点，对如何在学生党员的学习、生活、实践中提高其党课质量，加强大学生党员教育管理模式创新进行了有益的探索与实践。

二、活动主题与思路

我院从 2010 年开始在学生党支部创新实施“我的党课我来讲”微型党课教育工程，以党支部为单位，采用学生党员一人一讲的 10 分钟微型党课形式，让学生党员自己站上讲台讲授党课，每个学生党支部配备学院党员教师作为理论导师，在学生讲课之前给予理论指导并现场参与，微型党课覆盖全体党员，得到了学生们的认可和欢迎，学生党员自主选择擅长的领域和主题，联系自身经历、学习感悟和兴趣专长，进行深入浅出的讲演，力求内容简短而互动性强，使党员在宽松的氛围中交流思想、共同学习提高，切实激发普通党员参与学习教育的积极性和主动性，促进党员教育的实效。

“我的党课我来讲”微型党课教育工程，旨在把党员个人的成长目标与党支部的成长目标结合起来，教育和引导学生党员进一步加强党性修养，坚定理想信念，促进优良学风建设，促进学生成长成才，实现学生党员自主学习、自主教育、自主管理。以“典型引路”的方式树立正确的校园导向。学生党支部把校园服务作为党员立足本职发挥作用的一项经常性工作，在实践中不断丰富和完善，形成长效服务机制，使“党支部创先进、党员争优秀、同学得实惠”真正长效化，让学习型党支部建设开花结果。

三、实施方法与过程

“我的党课我来讲”活动采取“学生讲、学生听”的创新形式，时间短，一个主讲人一般讲述 10～15 分钟；内容小，学生党员讲的都是身边人、身边事，重在以小见大。每位党员都有机会上讲台，人人是教员，人人是学员。从学生党员自治教育的视角出发，结合学生党员的专业知识和兴趣爱好，实现台上台下同步学习、化“被动”为“主动”的学习效果。听课学员通过认真记录、辩论讨论、案例分析、课后感言等多种形式，加深对党的理论知识的理解，增强学生党员的动手能力和调查研究能力，全面促进学生党支部的自治建设。

（一）一个班子一个龙头——完善组织制度建设

我院建立了微型党课活动指导小组，进一步建立和健全微型党课教育制度，加强党员的经常性教育，以巩固党员学理论学党章活动的成果，扎实推进微型党课教育。

一是完善党总支领导班子联系基层机制，率先垂范讲党课。党总支委员每人联系 1～2 个学生党支部，定期下支部，与学生党员谈一谈“心里话”，在拉家常中普及党的理论知识，传达党中央最新精神；说说师生党员中的先进典型，给学生党员提一提“精气神”。4 年来，我院党总支委员参与学生党支部微型党课活动 40 多次。

二是建立微型党课过程管理机制，大力推进抓党课。我院党总支每年年初召开一次微型党课专题讨论会，制定微型党课活动方案，确定年度主题；年中举办一次微型党课征文和演讲比赛，兴起讲党课听党课的高潮；年末结合年度考核对微型党课组织落实情况和效果进行评估，总结经验，查找不足。

三是拓宽培养发现党课导师途径，讲好党课促工作。4 年来，有逾 600 人次学生党员撰写微型党课征文并成为支部微型党课的主讲人，有 80 人次学生党员走上了学生党支部微型党课演讲比赛的主讲台。此外，我们还以党性答辩工作为契机，邀请往届毕业生当中的党性指导员返校开展微型党课。微型党课工作让我院党的建设工作充满勃勃生机。

（二）一个支部一个阵地——深化党课教育体系

我院各学生党支部作为微型党课的具体设计者、组织者和推动者，积极丰富微型党课内容载体。微型党课采取微时、微资源、微流程的原则，以学生党支部为单位，微党课小组由学生党支部支委会成员、教师党员代表组成，一般5～7人，每个党支部可根据情况成立若干微型党课小组；上课前，小组成员按照分工各自从不同方面讨论主题；党课内容主要包括党的基本知识、基本理论，学生党员的现实表现、自我认识及发展规划、党员示范作用、社会认知等方面。

一是以“三贴近”的原则设计党课。按照“贴近生活、贴近工作、贴近学生”的原则，根据阶段工作中重点、难点和热点问题选准切入点，运用微型党课形式探讨解决问题、突破瓶颈方法。如“入党积极分子应该怎样为校庆献礼”“如何端正入党动机”“如何开展大学生自治工作”“大学生自强、诚信教育”“学校学风、校风建设”。微党课把“大主题”与“小切口”结合起来，使党的路线方针政策转化为党员群众关注的话题，使抽象的理论转化为具体的事例，使理论教育的内在要求转化为党员群众的实际需求。

二是以“三部曲”的形式组织党课。完善“党员授课、集体讨论、书记点评”的“三部曲”模式，既激发各主体活力，又发挥党支部在党员教育中的主导作用。他们的授课方式多样化，有的以竞答题的方式授课，有的以辩论赛的方式授课，有的以和学员之间的交流沟通授课……而参加党课的学员，个个都聚精会神地听课，认真地做好笔记，所有学员积极参与到课堂互动当中，纷纷发表自己的看法。

三是以“三个力”的方向引导党课。微型党课是增强支部凝聚力、创造力和战斗力的很好载体。4年来，我院学生党支部开展的最受欢迎的微型党课活动中，所有支部的满意度均保持在95%以上。

（三）一个党员一面旗帜——提升党员自制能力

微型党课变单向“灌输式”党课为双向“互动式”教育，引导党员干部在积极参与中体现四种身份，增强思想的纯洁性和先进性。

一是创作者。微型党课引导学生党员做“有心人”，发现身边的闪光点并加以提炼，在挖掘素材的同时加强自我教育，获得心灵的洗礼和精神的升华。为了创作好，党员就要争取“真学”。

二是宣讲者。把话筒交给普通党员，鼓励每个党员干部走上讲台，以简短朴实的发言讲述自己的故事、身边的故事以及对党的方针、政策的思考和见解。要想宣讲好，党员就要“真懂”。

三是评判者。通过公开征文评选、演讲现场学员打分等形式，把评判权交给党员、学生，引导大家认真去看、去听、去思考。人人是作者、人人是教员、人人是裁判、人人是学员，不同身份的实践体验有效激发了普通学生党员关心、参与思想政治教育的积极性，促使党员在教学相长的过程中“真信”。

四是实践者。以 2013 年为例，围绕纪念“向雷锋同志学习”50 周年，我院近 90%的党员在微型党课之后主动参加了学习雷锋志愿者活动，学院组织近 100 名党员、预备党员和入党积极分子组成的志愿者服务队在校园内开展义务劳动，如在学生食堂附近清洁草坪、在公共场所打扫卫生以及在学生公寓的单车棚里为大家整理自行车，等等，为广大师生营造了一个良好的学习、生活环境……他们都是优秀的实践者。

从实践来看，微型党课容易引起党员群众的共鸣，引导党员干部在宣讲和讨论中真学、真懂、真信、真用，激发了广大党员创先争优的热情，启迪了党员智慧、推动了党建创新和工作创新。

四、所取得的主要成效

经过多年努力，信息学院学生党支部“微型党课”自治模式建设取得了显著成绩，不仅激发了基层党组织的生机活力，而且学生党员在学习和班级各项活动中，发挥先锋带头作用，树立良好学风，不断提高自身的综合素质和学习能力，更充分发挥了党支部的战斗堡垒作用和党员的先锋模范作用。而且为大学生党员教育管理积累了有益经验。

首先，微型党课制度创新党课教育管理模式，分层次、分阶段的规范管理模式，强化了对党员发展的过程监督，切实提高学生党员质量。

其次，微型党课制度通过对党员开展公开党课评议，不断激发党员队伍的生机和活力，有利于对每个党员进行全面客观的评价，进一步健全完善党员考核评价机制。

最后，微型党课制度是永葆党员先进性长效机制的有力抓手，有利于增强党员的执行力和使命感，充分发挥党员的先锋模范作用，强化党组织和广大党员的典型示范作用。

五、思考与启示

经过近几年的探索与实践，我们认为在党员和入党积极分子中实施“微型党课”工程取得了预期的效果，大大提升基层党组织的工作水平，让所有党员同志更加坚定了保持先进性、服务为人民、永远跟党走的理想信念。

目前，学生党员微型党课管理有待加强，微型党课工作过程需进一步改善，今后我们将认真总结经验，思考工作中的不足，谋划好新一轮的党性教育工作规划，不断完善创新管理模式，凝心聚力共筑“中国梦”。

团总支学生会的考核及评优制度

◇实施单位：材料与环境学院　团学会

一、背景与问题

为解决学生自治组织中成员积极性不高、工作态度欠佳、学生主导性弱、自主能力差及评比误差较大等问题，我们应该加强学生自治组织建设及扩大学生自治的参与面，培养和提高学生的自治能力，健全评比制度，促进学生自我组织、自我管理、自我教育、自我服务的学生自治工作，弘扬开放兼容的校园文化，从而进一步完成学生自治工作的改进。

二、具体事例

化工与材料学院（现改为材料与环境学院）团总支、学生会于 2013 年 3 月 19 日首次对学生干部进行测评（相关链接 http://huagong.xy.zhbit.com/xuegong/tuanzongzhixueshenghui/20130321/1558.html）。在随后的三个学年里，团总支、学生会不断完善测评制度，根据测评结果适当进行奖惩。建立及完善团总支、学生会考核及评优制度，具体包括三个方面：其一，完善部门整体的测评制度，通过对整个部门的测评来增强部门成员的集体感；其二，完善团总支、学生会成员的考核评优制度，通过制定详细的奖惩措施，强化学生干部的责权意识，提高其积极性，使学生自治组织的队伍制度化、规范化；其三，完善考核制度的公平性，量化部门及成员的工作业务，以数据作为考核评比的硬标准，减少评比误差，营造公平竞争的氛围。通过以上三个方面的改进，促进学生自治工作不断完善。

三、经过与做法

（一）经过

（1）了解学生自治组织中出现的问题，如部门工作量少，出勤率低，积极性低，组织风气不好，奖惩评比主观因素比重大等。

（2）找出主要问题，并对此问题进行探讨，结合实际找出相应有效的解决办法，定期谈心谈话，召开座谈会等。

（二）做法

针对各个方面的问题，对团总支、学生会各个部门进行部门、干部、干事三方测评，具体评分细则如下。

1. 部门测评细则

（1）例会方面占部门成绩的 20%，测评内容包括部门成员的出勤率、与会者例会期间会议记录情况。

（2）活动方面占测评成绩的 30%，测评内容包括各部门配合完成团总支、学生会任务的积极性，完成任务的质与量，活动过程中部门参与人数，花费预算，对突发事件的处理，宣传力度等。

（3）部门方面占测评成绩的 20%，测评内容包括部门制度、部门内部工作分工、与其他部门间的沟通交流和工作协调性。

（4）学习方面占测评成绩的 20%，部门成员期末单科成绩挂科者部门扣分 5 分/人次，逃课一次部门扣分 1 分/人次；部门成员获得奖学金或者各类等级证书情况可酌情加 2～5 分。

（5）礼貌方面占测评成绩的 10%，考核部门成员的礼貌礼仪以及与其他部门部长和干事的交流情况。

（6）以上统计结果的 80%加上活动后各部门相互评分中该部门得分的 20%就是测评总成绩。

（7）由最后的测评成绩评出 3 个优秀部门，3 个差评部门，5 个中等部门，其中优秀部门将获得奖金 300 元及学期优秀干事名额 6 个，中等部门优秀干事名额 4 个，差评部门优秀干事名额 2 个。

2. 干部测评细则

（1）主席团测评。

① 各部长对负责人团队的测评结果占总成绩的 90%，测评内容包括负责人团队各成员的日常工作量、工作态度、责任心等，由各部门部长进行测评。

② 出席常规会议及集体性活动情况占总成绩的 10%，如部长会议、团总支、学生会全体大会、老师指定必须参加的活动等。无故缺席一次扣 2 分，事假扣 1 分，有课无法到场不扣分。

（2）部长测评。

① 各部门部长间互评成绩占总成绩的 70%，测评内容包括各部长参与组织活动的积极性、所属部门的综合表现、对本职工作的尽心程度以及工作完成的情况等。

② 负责人团队的评价占总成绩的 20%，要求负责人团队对其所分管的部门部长进行工作量统计并对其工作情况定期考察，把所收集的材料做学期汇总，并把此作为参考的指标之一。

③ 出席常规会议及集体性活动情况占总成绩的 10%，如部长会议，团总支、学生会全体大会。老师指定必须参加的活动等。无故缺席一次扣 2 分，事假扣 1 分，有课无法到场不扣分。

（3）实施方法。

① 部长测评前 40 分钟，负责人团队、各部长做类似于述职形式的工作报告，要求符合实际情况，不凭空捏造。违反者将取消测评资格。

② 负责人团队在会前准备好本学期对各分管部门工作量统计表等相关材料，把此作为各部长对负责人团队进行评分以及各部长之间互评的参考材料之一。

③ 办公室提交一份各部长在本学期工作中所出现问题的登记表，按出现问题的严重程度依次扣总分的 3 分、2 分、1 分。

④ 部长因工作方面被投诉，并在核查投诉内容属实无误的情况下，根据事情严重程度给予扣总分的 3 分、2 分、1 分。

⑤ 为团总支、学生会争取荣誉的，根据情况给予 3 分、2 分、1 分的加分奖励。

⑥ 最后根据测评成绩评出 3 名优秀干部。

（注：③、④、⑤扣除的分数均为在平均分的基础上扣除）

3. 干事测评细则

（1）干事互评结果占总成绩的 70%。

测评内容包括各干事的工作积极性、组织管理能力、对工作的尽心程度、工作成果、工作作风及团队合作精神等。

（2）学习情况占总成绩的 20%。

成绩优良，各学期平均绩点 2.8 以上，无不及格科目。

（3）出席常规会议及集体性活动情况占总成绩的 10%。

如部门例行会议，团总支、学生会全体大会，老师指定必须参加的活动。无故缺席一次扣 2 分，事假扣 1 分，有课无法到场不扣分。

（4）由部长根据干事测评表中分数并根据部门测评结果选出部门学期优秀干事。

4. 量化工作业务

（1）学期初各部门提交该学期的活动策划，参照往年学期经费开支，以部门为单位投票排序该学期的活动经费分配。活动策划中需安排并详述协办部门的工作任务，所有部门对活动细节保有知情权。

（2）单次活动结束后各部门对活动主办方进行评分，主办方对协办方评分，分数将作为部门测评依据。

（3）学期结束后各部门统计学期参与工作次数。

5. 奖惩制度

（1）部门：学期部门测评中将择取 3 个优秀部门、3 个差评部门、5 个中等部门。优秀部门将获得 6 个优秀干事名额以及奖金 300 元；差评部门优秀干事名额由 4 个减至 2 个。

（2）干部：团学会负责人每人加分为 1.5 分、各部门部长加分为 1 分、各部门助理加分为 0.6～0.8 分，获得前三名的干部，在原有加分的基础上乘 1.5 倍，最后三名在原有基础上乘 0.8 倍，部门助理根据本学期的工作情况给予 0.6～0.8 分的加分。团学会主席在基础加分和测评两项的综合得分最高为 2.3 分，因

《学生手册》中规定干部加分最高为 2 分，故团学会负责人最高加分为 2 分。

（3）干事：各部门干事加分为 0.6 分，由部门测评结果决定各部门优秀干事名额，优秀干事在原有加分的基础上乘以 1.5，即 0.9 分，每个部门对所属部门干事进行测评并根据结果进行排名，排名最后的三名干事加 0.4 分。

四、主要成效

（一）增进学生解决问题的能力

通过集思广益、同济互助的合作，针对实际面临的情况，提出具体的、积极的建议。同时，通过自治管理过程的磨砺，提高了学生们的协调处事能力。

（二）提升学生身体力行的精神

自动自发、自律自治，消除“坐而言”却不能“起而行”的弊端。通过这次学生自治管理活动，学生充分意识到自己是班级、学院、学校的主人，从而调动并发挥了主动性、积极性和创造性，提高了自己的能力的同时，也培养了自主学习、自我发展的能力。

（三）增强了学生的集体荣誉感

学生在参与自治管理的过程中，以集体为单位，一切活动以集体荣誉及利益为前提，团结互助，共同进步，积极主动为集体争荣誉，为小组添光彩。

（四）提高学生自我管理的能力

学生明白自己对班级、对学校事物的话语权、决定权、监督权及管理权，带动全校同学养成守纪律的良好习惯，从而提高他们自我管理及自我约束的能力。

（五）提高学生的责任感

在活动过程中，学生不仅要对自己的行为负责，也要对小组、对班级、对学校负责，这不仅锻炼了学生各方面协调的能力，也使他们具备了高度的责任意识。

（六）发展学生的领导才能

在活动过程中，学生们自主拟订计划、筹设组织、协调尊重、沟通交流，这提高了他们对小组成员及团体成员的领导能力。

（七）有法可依

评比过程中不再单纯地靠主观印象，增加了客观的数据，保证了评比的公平性。

（八）改善学生与学校行政人员之间的关系

学校行政人员在协助学生的同时彼此也深入了解，无形中促进了和谐的校园关系。

五、思考与启示

一个部门组织，要运行得好，缺少不了一套好的规章制度。学生自治管理制度，给学生充分自由的同时，也通过团总支、学生会考核及评优制度对学生自治进行了合理的调控。

学生自治管理，通过丰富多彩的社团活动及健全的规章制度，提高学生自主管理的能力及工作水平，使其在工作中能充分发挥自己的主观能动性，从而不仅使得工作能妥善地完成，也促进了学生素质的全面发展，从根本上提高了学生的整体水平及道德素养。合理的评分制度应该是客观地、不断地减少主观印象，转化为客观的硬标准，这更能促进社团部门的良性发展。

通过与学生自治管理制度相结合的学生会考核及评优制度，对各社团部门学生干事、部长、部门进行分级评优，对在学生自治管理过程中涌现出的优秀案例及部门进行鼓励与表彰，为其他部门树立榜样，从而促进学生自治管理的良性竞争与发展，这使学生自治管理的内容及形式得以不断创新。

基于设备维护的学生自治工作探索

◇实施单位：校条件装备处

一、背景与问题

条件装备处作为学校教学保障部门，负责实验室、多媒体教室、机房、网络、信息化的建设和管理工作。其中条件装备处电教中心主要负责管理和维护学校 395 套多媒体设备、16 间计算机机房、4 间英语网络教室、9 间语音室和 600 余台办公电脑，保障学校教学设备和办公设备正常稳定运行。电教中心现有维护人员 8 人，原有运行模式中存在以下几个问题。

（一）设备保障时间长

我校教学时间主要安排在周一至周五早上 8 点至晚上 9 点 25 分，而周末时间主要安排学生活动以及少数课程。因此，无论是正常工作日还是节假日，只要在教学周时间，教学设备均在运行，作为教学设备保障部门，需要不间断地安排人员进行保障和维护。

（二）设备分布区域分散

我校教学设备主要分布在明德楼、弘毅楼、天佑楼、精工楼，而办公设备不仅在以上楼宇中大量存在，还集中在图书馆和综合楼，而支持学生活动的设备则大多数集中在户外活动场所。设备分布区域分散，需要安排的维护人员则更多。

基于以上原因，电教中心 8 名维护人员远远不能满足现有设备的维护需要。因此，我们长期招聘勤工助学学生参与设备维护工作。但这种模式存在以下几个问题。

（1）勤工助学学生的管理主要以电教维护老师为主，包括人员招聘、培训、安排等。电教维护老师工作任务繁重，勤工助学学生的培训、管理和安排又占据大量的时间，从这方面来说，勤工助学学生的管理模式，并不能完全缓解电教维护人员紧张的现状。

（2）勤工助学学生主要以获取劳动报酬为目的，随着占用学生时间的增多，勤工费用无法满足需求时，学生将不再有积极性，甚至退出电教勤工助学的岗位。

（3）勤工助学岗位的主要职责是协助电教维护老师保障晚上和周末教学设备的运行。学生仅限于设备维护，学生之间相互不太认识，来往和沟通较少，无法充分发挥主观能动性。

因此，电教中心急需一种既能缓解繁重的设备维护任务，又能满足锻炼学生、培养学生、充分发挥学生主观能动性的学生运行模式。

二、具体事例

依靠原勤工助学的学生，成立名为信息技术协会的学生社团。信息技术协会自我组织、自我管理、自我教育和自我服务，在电教维护老师的指导下，一定范围内参与了电教事务的管理和决策。

信息技术协会成立之初设立办公室、计算机部、音频部、文印部和外联部五个机构，每个机构均配备一些学生干部，负责该部门人员的管理和培训。

信息技术协会每年都吸引一些具有相同兴趣爱好的学生加入。

协会设置一套培训体系，对新加入的学生进行相关培训，使之熟悉电教设备相关维护常识，能大致独立承担设备保障工作。

信息技术协会主要承担以下任务：

（一）协会成员执行晚上和周末机房及多媒体教室值班安排

学生社团根据协会成员的具体情况和电教老师关于设备使用的需求，自行安排协会成员值班。他们值班的主要任务是完成机房开、关门及设备保障工作。与此同时，他们独立接听各类电教设备报障电话，并及时到现场解决问题，保障设备正常运行。如遇到无法解决的问题，则及时与电教老师沟通，由电教老师处理。

（二）积极参与电教设备管理决策

针对机房卫生情况，协会协助电教老师策划“机房安全卫生周”活动，并组织学生在机房显眼位置粘贴告示，并安排人员守在机房门口进一步提醒上课的老师和学生，对机房卫生的改善起到了积极的作用。

（三）保障学生活动户外设备需求

学生活动所需户外设备一般由指导老师提出需求，并经过相关部门审批后到电教中心执行。电教中心将任务下放给学生社团，由学生社团积极与举办活动方沟通，做好技术保障工作，甚至有些活动信息技术协会也参与其中。

（四）协会自行筹办电脑维修中心，并自行运行

协会在学生宿舍 25 栋 1 楼设置维修点，面向全校师生提供义务维修服务。一般由协会网络部成员接待报障设备，并记录设备故障情况，反馈给协会相关技术人员处理，处理完后再反馈给学生。并积极组织全校范围的义务维修活动，从策划到组织再到活动结束，全部由学生自行完成。

三、经过与做法

（一）筹建信息技术协会学生社团

针对勤工助学模式存在的问题，我们依靠原有的学生积极筹备学生社团。

要面向计算机学院、信息学院、机车学院等理工科学院发布招收实习生的通知，接受所有学生的报名，吸引一部分对计算机等设备维护具有浓厚兴趣的学生加入，并参照学生社团相关做法，公开选聘协会相关学生干部。同时，打破原有勤工助学薪酬发放方式，设置与协会相关的激励措施，对一些学生干部和一些表现良好的学生进行物质和精神奖励。

（二）制订培训计划，加强培训活动和实践活动

协会成立初期，无论是学生干部还是社团学生，组织协调能力和相关技术水平都比较薄弱。针对这一现象，电教维护老师专门制订一系列培训计划，如学生干部组织协调能力的培训和相关技术培训，并安排时间为社团学生培训和

指导其实践工作。

尤其是在技术培训方面，我们根据工作岗位要求，制定了电教基本工作、多媒体设备、计算机硬件及软件知识、专业音频技术、网络基础知识、办公硬件设备及常见问题、市电供电基础知识七项培训内容。

培训分为集中理论培训、实践培训和实习三部分。培训过程充分考虑到学生时间的特殊性，灵活安排各环节，力争覆盖社团的所有学生。

第一，理论培训模块部分。我们安排电教中心老师负责整理各个理论模块的课件，并对社团学生进行集中理论培训，同时，为了照顾社团所有学生的空余时间，我们将每个理论培训模块分成两个教学时段。电教中心的老师在信息技术协会成立之初一共进行了 14 场理论培训，成员参与率较高。

第二，实践培训部分。将社团学生分成若干小组，每个小组分别由不同的电教中心老师负责实践培训。实践培训主要由电教中心老师带领各小组成员到各类设备使用现场进行讲解和操作。

第三，实习培训安排部分学生从事正常的电教工作，在实际工作岗位上进行锻炼。社团成立至今，共安排了 50 余人在电教中心不同岗位进行工作。

（三）依靠部门资源，建立实践平台，逐步放权，鼓励学生自治

通过相关培训和实践学习后，大部分学生基本掌握设备维护知识，基本建立起一个具备管理和设备维护能力的学生团队。基于电教中心常规业务，我们分别建立多媒体教室和机房维护中心、扩音设备支持中心和计算机维修中心三个实践平台。打破原来由电教维护老师为主，勤工助学学生为辅的维护方式，每个实践平台的工作，主要运用了电教维护老师指导为辅，社团学生自主完成为主的运行模式。无论从招聘和培训环节，还是从管理和协调方面，我们都尽量由学生自主完成，如具体事例中提到的各类事项。

四、主要成效

依靠学生社团自行运行的模式参与到具体事务中，主要取得了以下成效。

（一）利用学生自我管理，最大限度地解决了原有电教维护工作中存在的问题

在实践中，通过学生自我管理，有效解决了原有电教维护工作中存在的

问题。

（二）充分发挥学生的主观能动性

学生是一个具有思想的个体，在各类事务中（包括勤工助学或者协助我们办事），应该让学生充分参与进来，真正参与事务的决策和管理。

（三）最大限度地培养学生，体现高校职能部门管理育人和服务育人的目标

职能部门为学生提供实践平台，实现学生自我决策、自我管理和自我服务，给学生充分的发挥空间，最大限度地培养了他们各方面的能力。

（四）鼓励学生积极探索创新创业活动

积极发扬为学生服务的精神，不断探索相关服务业务，培养创新创业意识。

五、思考与启示

在学生自治的过程中，老师应充当什么角色？

我们认为学生自治就是相对地放开，即在学生自治的过程中，理应是相对的自治，也就是在专业老师的指导下，由学生自行完成相关任务。因此，在学生自治的过程中，老师充当的角色就非常关键。指导老师应该为学生自治把握方向，而在具体的事务中应该放开对学生的束缚，给予学生充分的思考和管理空间。只要方向是对的，即使犯了错误，也应给予足够的包容。这样才能最大限度地实现学生自治，充分锻炼和培养学生。

团支部绩效考核管理机制

◇实施单位：外国语学院　团总支

团总支是在党的领导下积极开展各项工作，为党提供后备干部，在团支部（以下皆称“支部”）建设中担当重要力量的组织，我们对以班级为单位的支部进行思想和组织引领，在进行运筹管理的同时，严格团的组织生活，健全团内管理机制。近年来，随着高校党总支对共青团的引领规模扩大，随着共青团员的增多与支部的建设，学校招生规模的不断扩大，学院学生数量的增加，学院团总支在支部管理中面临巨大挑战。据调查分析，独立学院的支部在组织建设和思想建设等方面存在支部活跃度低、支部风气散漫、学习效率低下、管理和惩戒方案滞后等问题，迫使团总支需要提高个体效能来解决基础性问题，目的是通过绩效管理机制，调动支部个体积极性，以提高班级支部队伍的凝聚力和向心力。

支部是团总支的个体组成细胞，支部中个体工作成效最终体现在绩效整体水平上，而此管理机制之中的其他活动，如支部培训、支部干部考核、支部工作记录、支部惩戒办法等都以最终的支部绩效统评为目的。因此，加强支部绩效考核，促使支部优化工作方法、提升精神面貌，从思想组织方面进行调动，使支部规范化、制度化迫在眉睫。在支部管理建设中，团总支既要发挥全面领导的作用，又要进行详细的条例制定和制度管理，而通过支部绩效考核与支部思想组织建设，打造良好的团队精神，提高组织战斗力，从而促进班风学风建设，则是我们的最终目的。建设一套相对完善和健全的支部管理制度并使之高效公开运行，调动支部成员积极性，建设健康积极发展的支部，为共青团发展输送后备力量，进而营造年级与学院更加浓厚优良的学习氛围、提高支部凝聚力和竞争力，打造优良支部队伍。

绩效考核将从干部培训、支部协办、创新活动及量化考核四方面展开分析。

第一，干部培训。干部培训就是设立干部职务行为标准和提高思想道德修养。要考核，首先要培养。每学年第一学期团总支将重点开展支部干部培训达 5 场，培训邀请到学院院长、书记、团市委领导，从思想教育讲座、干部管理技巧培训、素质拓展几个方面开展，培训从技能和思想方面穿插进行，重点为思想交流。只有抓住支部的主心骨，进行重点突破，才能使支部在未来的发展中不乏后劲。在技能和思想培训方面，干部能力得到极大提高，除了进行管理技巧的培训，在思想上的渗透更是重点，因此在 2013 级英语班级基本全部自主进行入党申请书的提交，摆正入党态度，增强党团组织凝聚力。

第二，项目制活动中支部参与协办。协办单位采用招标制，吸引优秀支部参与主题活动，例如在社团精英榜评选工作、学生年度表彰大会中，我们选出优秀支部协办，使支部更多融入团总支，增加活动民主性、开放性。加强了支部的组织能力，提高了支部的积极性和凝聚力，支部在思想上与团总支保持一致。鼓励支部参与协办，在思想上实现了支部对团总支工作的理解与接受，同时加强了上下沟通，支部具有支部的灵活性和创新性，能促进活动的丰富性，也可以进一步表现支部为团总支支撑堡垒的作用。更重要的是，在此项协办之中形成互动式绩效考核，调动支部参与活动的积极性，又转而成为团总支考核的另一个方面。

第三，创新项目品牌，创新品，推陈出新。与党中央保持高度一致，创新开展大型户外团日活动，用不放弃任何一个人的理念，通过全面调动让每个团员参与其中，使支部风采得到展示，成绩得到肯定，实现在组织上进而在思想上建团。

结合时事动态、学生思想倾向、年级特点，组织支部定期开展主题班会，包括“我的中国梦”“两会精神”“尊重他人”等主题班会。绩效考核全程渗透大型团日活动和主题班会。在主题班会之中，促进支部进行形式创新，在全学分制环境之中，主题班会的开展不仅为班级团结增添了动力，也为思想团结加注了努力。班会开展越加积极，形式就越丰富，由被动引领转为主动前行，这才是主题班会的目的和成效。

第四，活动工作量化考核制度。考核从时间和群体两个维度进行。在时间维度上，有全程化考核和阶段式考核。全程化体现在“欧美风”团日活动中，不仅考核活动当天的节目表演，且要从动员大会、写策划、初审复审与彩排以及活动当天，派出工作人员全程跟进，重点考核活动筹备过程中的组织与表现。阶段式考核除体现在单项活动中外，还体现在对支部一年里各项活动开展的数据积累中。考核主要包括以下内容：展翅计划网上注册数量；优秀团员、团干班级人数；爱心志愿活动志愿者报名人数；各项比赛投票人数；优秀学生奖学金获奖人数；各班级获奖情况；主题班会举办情况；干部中期考核等。

阶段式考核体现在时间层面的阶段式和考核内容的全程化，主要以中期考核作为一个载体，根据领导能力、方向性把握、抗压能力、思想前瞻性等对干部进行考核评分，数据由团总支进行录入，最后对结果进行分析。支部以及干部工作情况量化成为数据，提供考核以及总结提升。将干部考核与奖学金加分挂钩，干部积极性得到极大调动，有助于学院以及团总支的工作部署与动员。

在群体维度上，分为技能和思想考核。从技能方面，我们考核干部和支部的管理及活动申报流程是否顺畅，从思想方面，我们主要从座谈会以及主题班会进行考核，使支部与干部发展在能力与思想上相结合。这也就是伟大领袖毛主席曾经讲过的，正确的路线确定后，干部就是决定性因素。我们通过各项考核，使干部思想正面积极，紧跟党团，进而支部向心力会显著增强。

在此，我们以首届外语文化节之“欧美风”团日活动为案例一、中期考核为案例二进行重点介绍。

案例一：在“欧美风”团日活动之中，我们考核全程式跟进，包括动员大会出勤率、支部策划书提交、网络投票、节目初审复审、彩排以及活动当天各环节等，做好每一项工作细致到个体，责任到人，进行考核评定，以下为具体细则。

（1）各班需提前做好准备，代表班级上台表演一个节目，每个节目限制时间为 4 分钟，其表演的节目符合积极向上的要求，能充分体现“欧美风之节日狂欢”团日活动的主题，节目计分将计入最终班级得分，占最终得分的 20%。

（2）各班各派代表在比赛开始时上台展示班级的节日特色，并用中英文

做两分钟的介绍，并进行拉票（此处可展示美食、服装特色、饰品装扮等）。根据其英语口语流畅度、发音及现场的受欢迎程度，将其计入评委评分项目，占最终得分的 20%。各班介绍所筹办节日的团队分为 3 组，分别为节日起源、其庆祝方式、本次展示内容及特色。每组将由 5 个人进行轮流讲解，即对一个主题进行详细诠释，可由团队中一人主讲，另 4 人进行补充，依此类推。因此上台讲解的团队人数在 15 人左右。

（3）本次活动各班需设 3～4 名小记者，以访问除本班之外的另一主题班级摊位代表为形式，在走秀活动结束之后，各班汇报小组进行 2 分钟的总结发言。例如英语 1 班筹办了万圣节节日，派出的小记者将访问与之不同的筹办另外 4 个节日中的一个班级。

（4）在摊位展览环节，评委老师在游园中将会对各班的游戏人气、摊位布置、受欢迎程度、现场气氛营造等评分要求做评定，将其评分作 30%计入最终得分。

（5）大众评审团可在工作人员处登记并拿取票，大众评审必须为 3 个班级评分，得分班级分数作 20%计入总分。注意：大众评审团若只为一个班级评分，则该评分表作废。

（6）活动结束之后团总支工作人员将会对各班活动中工作和整理清洁工作做出评分，将其评分作 10%计入总分。

（7）独立评审分数按票数计入总分。

（8）本次活动对优秀指导老师奖项的评比标准为：参与指导策划书起草制订；参与班级团日活动筹备工作会议两次以上；班级上交的策划书评分名列前三；当天各班班主任或指导老师能按时出席，进行签到并且全程跟进。且班级获得二等奖及以上，则符合优秀指导老师的奖项评比，若入选前两名的班级之中有老师未能出席，则按排名以下的班级能出席的老师获奖。

此处的全程式，体现在考核内容是活动的全过程。通过对考核评分内容进行设置各种比例的分数，从不同角度看到更多平时无法了解的支部状况，在活动当天班级小记者交流形式的采访和跟进之中，不仅创新了形式，也使得学生沟通交流以及细心、用心、耐心的能力得到培养，其中不乏学生对本次评分系统严密与创意等特点的认可，也达到了我们通过个别主题活动，调动支部集体积极性、活跃度的意义，在此之中，支部干部个人能力也得到进一步提升，在动员支部成员能力上以及各环节严密部署与细致程度之中，都体现了一名高校学子不一样的气质，同时，支部参与活动认真程度与认可程度也促进了支部前进动力增强，最后也实现了班级团结向上、班风纯正、学风积极的良好面貌。

案例二：我们实施干部中期考核，考核内容根据不同职务进行项目设置，例如支部班长由团总支办公室、年级辅导员、年级干部以及班干部进行评定，支部团支书由团总支组织部、年级团党建级长以及班干部进行评定，我们将根据不同职务，根据年级特点与职位上传下达的特点进行重点考核，考核内容也设置不同方向：领导能力、方向性把握、应变能力、思想前瞻性、活动创新性、全局协调能力、抗压能力等，考核将由第三方直接给分，有团总支组织部进行数据录入和汇总，最后进行中期考核分析，考核结果较为真实可靠。在此基础上产生的干部得分将直接影响干部年度奖学金加分、评优等，我们将奖学金加分与此挂钩，便是使干部更具有职务使命感和责任感的体现，同时考核虽严格却并不束缚干部的自身发展。在奖惩方面，我们重奖轻惩，在干部考核得分普遍水平上，我们给予正常加分，因此干部考核得分也从第一年的出现 10 人学期左右的考核得分偏低，减少到现在的 1～2 人/学期，干部工作积极性得到大大提高，也实现了我们进行考核的目的——打造优秀干部，进行支部正确引领，丰富考核内容，促进支部活跃发展。

成效一体现在支部考核管理基础上，评选出首批优秀团支书，从 55 名团支书中选出 6 名优秀团支书，进行个人表彰。创建了我校第一批全勤班，为学风建设添上浓墨重彩的一笔，2015 级商英 7 班更是第一个从大一第一学期就实现全勤的班级，由此可见优秀的带动，以及考核的作用。我院也成功开展了我校首次免监考诚信考试活动，实现了诚信的最高境界，免监考班级从 2014 年的 3 个发展到如今的 9 个，由此可见各班级在学风班风建设上的进步，向学院目标看齐，共同打造品牌班级。同时，打造了首批示范支部，它们在年度表彰、评优名额倾向上均占据优势，因此各年级也更为活跃地向此目标靠近。2015 年外国语学院团总支获得全国高校践行社会主义核心价值观“示范支部”称号。干部考核与年终表彰挂钩，学院奖励金总额由前年的 10 000+上升到 30 000+，干部积极性得到极大调动。

成效二体现在学风建设上，我院 2013 级专四考试通过率达到 68.26%。高于独立学院平均通过率 31 个百分点，超过全国普通院校平均通过率 17 个百分点。其中两个班甚至达到 80%以上。2013 级英语 6 班参与校学生自治案例评比，获得三等奖。同时，我院代表队赴澳门参加港珠澳三地高校学生第六届“商骄”商务英语演讲大赛获得冠军，并得到 China Daily Asia（中国日报亚洲版）整版报道。

综上所述，当政治思想明确，政治路线确定之后，干部就是决定性因素，当干部思想过硬，各项工作都将事半功倍。支部绩效考核管理机制旨在通过干部与支部考核，提高干部管理能力，统一干部思想，这样，不仅达到了学院对学生干部进行重点培训的目的，也能实现以干部带动支部精神面貌的目标。同时，一个支部就是一个坚强的战斗堡垒，能够发挥强大的组织和支撑作用。在支部建设之中，我们深刻体会到支部对于团总支的重要性。支部在团总支的带领和指挥下，逐步发挥组织和支撑作用，将组织力量反作用于团总支，也进一步促进双方协调发展。另外，以考促建，严而不死。绩效考核是为了促进各项建设，严格管理却不使其感到被束缚。在考核结果理想的情况下，我们通过各项奖励促进支部更有生命力，创新开展首届优秀团支书评选活动，将考核结果计入全勤班、免监考班级申请等。期末免监考班级已从 3 个发展到现在的 9 个，全勤班级达到 8 个。再者，团结—教育引导—再团结，致力于团结，不使一个人掉队。所以，思想建设是学风建设的有力保障。所有的努力归根结底是为了良好育人环境的形成和为学风建设提供保障，创建这样的学习环境和氛围，不仅需要团总支的努力，也需要在管理之中，逐步培养和促进优秀支部的发展，形成双向作用，这需要我们首先在组织上进而在思想上建团，只有组织向团靠拢、思想向团统一，齐心协力，同心同德，才能达到建设良好学风班风的目标。

“小老师”义务课堂

◇实施单位：计算机学院　科技协会

一、背景与问题

随着我国高等教育体制改革的不断深入，在培养学生创新实践能力、营造浓厚学术氛围、促进大学生素质提高方面，学术科技型社团发挥的作用已经越来越大。如何加强学术科技型社团建设需要我们长期地思考和实践，由于担任各社团和项目团队的学业指导老师有繁重的教学任务，没有足够的时间对社团和团队建设进行有效的指导，直接影响了团队的生命力。所以，要发挥高年级有经验学生的作用，增强团队的吸引力和凝聚力，形成合理的梯队，发挥学生自我管理、自我教育、自我服务的能力和作用。

二、具体事例

以计算机学院科技协会为例，从 2011 年开始，学生自治，开办“小老师”课堂，近三年这种义务课堂学习课时近 2 885 学时，其中包含 7 场寒暑假集训。高年级优秀学生作为“小老师”，每学期定期开展丰富多彩的课堂学习，分享经验，传授知识，从“让我学”转变为“我想学”，进一步推进学生自治工作。

计算机学院科技协会 2011—2015 年工作情况统计表

序号	项目名称	主办组织	总计（学时/场次）	共计
1	每周培训课活动	ACM 程序设计协会	423 学时	2 885 学时（其中包含 7 场寒暑假集训）
2	每周培训课活动	程序设计基础协会	450 学时	
3	每周培训课活动	不甘社	320 学时	

续表

序号	项目名称	主办组织	总计 （学时/场次）	共计
4	暑假集训活动	ACM 程序设计协会	4 场 （共 1 440 学时）	2 885 学时 （其中包含 7 场寒暑 假集训）
5	寒假集训活动	ACM 程序设计协会	3 场 （共 252 学时）	
6	组织比赛	ACM 程序设计协会	8 场	21 场
7	组织比赛	不甘社	6 场	
8	组织比赛	程序设计基础协会	5 场	
9	其他活动	大学时光爱心活动	1 场	
10	其他活动	金山毒霸到我校进行校园测试活动	1 场	

经过不懈的努力，“小老师”课堂更加成熟，更具有影响力。

（1）参与课堂的学生覆盖了全校 11 个学院。参与的学生已经不再局限于计算机学院的学生，有来自信息、机车、数理等理工科学院，甚至外国语学院的学生到现场听讲。

（2）课堂形式更加丰富多彩。有“小老师”讲授、文化沙龙、项目式培训、网络课堂学习等学习模式，课堂更加活跃。

（3）“小老师”不局限在校生。到目前为止，从 2011 年开始此活动，2009 级的学生是第一批“小老师”，到 2013 年时他们已经毕业离开了学校，虽然不在学校，但是仍然于每周日返校为在校生免费进行交流培训，传授社会上工作积累的经验与目前社会最需要的知识，让学生们能更早地接触到最前沿的技术。如 2010 级的高骏腾学长，2012 级的林展辉、谭建新学长等经常回校给学弟学妹们举办学术讲座，分享最新的科技知识，传授自己的工作经验，热心帮助同学们解决学习上存在的问题。

近两年已毕业的“小老师”回校举办的学术讲座

姓名	时间	讲座主题
高骏腾	2014 年 11 月—学期末	python 编程实战
谭建新	2015 年 7 月 4 日	我的 Linux 工具箱子
高骏腾	2015 年 7 月 5 日	node.js 入门与实战
谭建新	2015 年 11 月 13 日	Linux 进程管理与线程池
谭建新	2016 年 3 月 5 日	大话服务端开发
林展辉	2016 年 3 月 6 日	简述常用设计模式

（4）“小老师”课堂成为学院专业团队学生储备库。“小老师”课堂逐渐成为学院专业团队学生储备库，更全面有效地组织、培训学生参与，助力学生专业团队建设，增强学生创新意识，培养学生实践动手能力，加强合作交流，培养团队协作精神，提高学生综合素质，在创新型 IT 应用型人才培养方面进行了有益探索，硕果累累。如优秀学生得到用人单位青睐，竞赛得到企业的赞助等，在校内外产生了广泛影响。其中，从“小老师”课堂中走出的学生，入选 ACM 团队，于 2013 年 9 月在第 38 届国际大学生程序设计竞赛亚洲区域赛（长沙站）喜获铜奖，2014 年 9 月 20 日，在第 39 届 ACM-ICPC 亚洲区域赛广州站网络赛上，以有史以来最优异的成绩取得了第 39 届 ACM 国际大学生程序设计竞赛亚洲区域赛（广州站）现场赛的参赛资格，再次获得铜奖，此次竞赛，参赛队伍多、名校多、难度大，能够入选并获得名次，是计算机学院学科竞赛体系培养与学生自治效果的最佳印证！

三、经过与做法

“小老师”义务课堂主要通过以下几个方面进行管理和培养。

第一，推进“小老师”制。通过“传、帮、带”的方式，在高年级学生中选择一批责任心强、经验丰富、积极热情的学生作为“小老师”，负责引导教育低年级学生的学习、工作、生活和思想，让他们能够更全面更好地发展。“小老师”也为培养大学生的“三自”能力即自我教育、自我管理、自我服务，提供了有效途径和有力保障。2006 年，计算机学院以 ACM、博创杯等比赛为依托，在教研室老师的带领下利用课余时间选拔和培训优秀的高年级学生，给他们开

“小灶”，把学习内容提前讲授，不仅讲授知识的内容，并且注重培养学生的素质能力，为“小老师”的选拔打下了坚实的基础。

第二，课堂导学、学员自学。“小老师”在课堂上讲解一些知识点，课下由学生自己动手编程实现，并且在OJ（在线判题系统）题库上练习相关题目，以达到学以致用、理论与实践相结合的效果。课后“小老师”还为他们提供答疑，同时在协会自主开发的BBS北理珠不甘社上面分享学习资料和编写课程报告，通过这样的训练模式，不仅提高了学生的动手编程能力，也训练了他们良好的算法分析逻辑思维。

第三，教学相长，温故而知新。高年级学生作为“小老师”，作为一个过来人，他们有着丰富的学习经验。根据他们自己的学习经验，从一个学生的角度切入，去准备课程，讲解一个知识点，去引导低年级的学生，给他们传授自己的学习经验，让低年级学生能更快地适应大学的学习方式，同时这也能形成一种榜样的力量，让低年级的学生更有动力去学习，从导学发展成为自学。由于大家年龄相仿，在学习的过程中，学员们更愿意与“小老师”们交流，反映出自己学习中的问题，通过讨论，及时地解决问题。通过交流，能够跟进学员们的学习进度，从而调整课程的安排。而“小老师”们在教学的过程中，温故而知新，通过反复地理解之前学过的知识，不仅加深了自己对之前学过的知识的理解，还能从与学员们的交流中知道自己的知识缺陷，学习到新的东西。“小老师”与学员们达成共识、共享、共进，实现教学相长与共同发展。通过这样的教学模式，不仅能使“小老师”们的知识得到丰富，还能锻炼他们的表达能力，个人能力也得到了提升。

四、主要成效

（一）校园科技创新氛围越来越浓厚

本项目自2011年大力推行以来，在校大学生参与科技创新人数逐年增加，已形成了良好的科技创新氛围，加强了学风建设。

（二）开展阶梯性课程

“小老师”课堂开展阶梯性课程，从面向全校学生开展计算机基础授课，培养学员对计算机的认知，提高学员对计算机知识的兴趣，到开拓学员对计算机的视野，从而很好地引导学员更加“自愿”地了解各方面的计算机方向。为了满足广大学员对计算机知识不同方面的追求，“小老师”课堂更加多样化，从基础培训课、技术分享、文化沙龙、项目开发、网络课堂等为全校学生提供了一个更好的学习平台。在这种阶梯性课程文化的熏陶下，学员能有更自主的想法、更强大的自主学习能力、更多的技术经验，从而更好地回馈于广大师生。

（三）提高学员校内校外竞争力

通过“小老师”课堂上学习到的课外知识，扩展了自己的知识面，加深了对基础知识的理解，这不仅提高了自身与其他同学的竞争力，而且在日后的学习生活中能比其他同学更快地吸收、掌握并运用学习的知识。有强大的自主学习能力之后，通过后续自己更深入的学习，提升自身的技术，通过参加竞赛、项目积累，自主研发，进一步提高自身能力，在毕业之后，提高与校外人员的竞争力，能通过自己所学习到的知识到工作岗位上发挥自己的才能，成为一个对社会有用的人才。据不完全统计，相对于没有参加过“小老师”课堂的同学，参加过这个项目的学生（包括“小老师”）在工作和学习上更加表现出优秀的专业素养。历年“小老师”们毕业后入职的工作单位也证明了这一点。

历年“小老师”毕业后就职情况统计表

姓名	年级	就职公司
高骏腾	2010 级	腾讯互动娱乐事业群
麦岳桐	2010 级	广州腾讯微信事业群
廖瑞华	2011 级	百度车联网移动开发
谢泽帆	2011 级	中国推送第一品牌和讯华谷
温家成	2012 级	开源中国
黄瑞滨	2012 级	广州网易公司
林展辉	2012 级	腾讯旗下网络银行深圳微众银行
谭建新	2012 级	中国推送第一品牌和讯华谷
马伟彬	2012 级	深圳市君正科技有限公司
王静茹	2012 级	布比（北京）网络技术有限公司

（四）获省级以上的奖励越来越多

“小老师”课堂逐渐成为学院专业团队学生储备库，更全面有效地组织、培训学生参与，助力学生专业团队建设，增强学生创新意识，培养学生实践动手能力，加强合作交流，培养团队协作精神，提高学生综合素质，在创新型 IT 应用型人才培养方面进行了有益探索，硕果累累。如优秀学生得到用人单位青睐，竞赛得到企业的赞助等，在校内外产生了广泛影响。其中，从“小老师”课堂中走出的学生，入选 ACM 团队，于 2013 年 9 月在第 38 届国际大学生程序设计竞赛亚洲区域赛（长沙站）喜获铜奖，2014 年 9 月 20 日，在第 39 届 ACM-ICPC 亚洲区域赛广州站网络赛上，以有史以来最优异的成绩取得了第 39 届 ACM 国际大学生程序设计竞赛亚洲区域赛（广州站）现场赛的参赛资格，再次获得铜奖，此次竞赛，参赛队伍多、名校多、难度大，能够入选并获得名次，是计算机学院学科竞赛体系培养与学生自治效果的最好印证！2015 年 9 月，在第 40 届 ACM-ICPC 亚洲区域赛北京网络赛上，再次取得了参加现场赛的资格。正是因为这一系列的优异成绩，在 2015 年 10 月，“小老师”课堂获得了参加 2015 年大学生程序设计竞赛的资格，并获得铜奖。

计算机学院 2011—2015 年获得省级以上竞赛统计表

序号	获奖时间	获奖项目	作品名称	获奖等级	学生姓名
1	2009 年	第一届珠海大学生程序设计竞赛	—	金奖 1 项，银奖 3 项，铜奖 4 项，优胜奖 2 项	—
2	2011 年 5 月	第四届 ACM 珠海区域赛	—	金奖 1 项，银奖 2 项，铜奖 4 项	—
3	2011 年 5 月	第九届 ACM 广东省大学生程序设计竞赛	—	二等奖 1 项，三等奖 1 项，成功参与奖 1 项	—
4	2011 年 7 月	第七届“博创杯”全国大学生嵌入式设计大赛	基于 RFID 助盲语音寻物机器人	三等奖	凌一凡 李通 陈跃鹏 刘智斌

续表

序号	获奖时间	获奖项目	作品名称	获奖等级	学生姓名
5	2012 年 5 月	第十届 ACM 广东省大学生程序设计竞赛	—	三等奖 2 项，成功参与奖 2 项	—
6	2013 年 5 月	第十一届 ACM 广东省大学生程序设计竞赛	—	三等奖 2 项，优胜奖 1 项，成功参与奖 1 项	—
7	2013 年 7 月	2013“赛佰特杯”第三届全国大学生物联网创新应用设计大赛	物联网环境下的智能家居系统	一等奖	吴延超 李伟杰 严伟杰 苗榆彬
8	2013 年 7 月	2013“赛佰特杯”第三届全国大学生物联网创新应用设计大赛	关于车联网下的疲劳驾驶系统	三等奖	卓秋生 陈培勇 颜晓宁
9	2013 年 9 月	第 38 届 ACM-ICPC 亚洲区域赛长沙站的现场赛	—	铜奖 1 项	—
10	2013 年 11 月	2013 全国数字媒体专业大学生科技作品竞赛	《跳跃格子》 《牛牛快打》 《食人魔历险记》	一等奖 1 项、三等奖 2 项	—
11	2013 年 12 月	2013 年第五届广东省大学生数字图像图形创作大赛	《跳跃格子》 《BAZINGA》	二等奖、优秀奖	—
12	2014 年 5 月	第十二届广东省大学生程序设计竞赛暨“UC 杯”ACM/ICPC 2014 广东省赛	—	铜奖 3 项，优胜奖 1 项	—
13	2014 年 6 月	2014 年粤港澳创新大赛	—	一等奖、三等奖各 1 项	—

续表

序号	获奖时间	获奖项目	作品名称	获奖等级	学生姓名
14	2014 年 8 月	2014 第四届全国大学生物联网创新应用设计大赛	—	一等奖、三等奖各 1 项	—
15	2014 年 11 月	第 39 届 ACM 国际大学生程序设计竞赛亚洲区域赛（广州站）	—	铜奖 1 项	林展辉、黄瑞滨、陈壮峰
16	2015 年 5 月	第十三届广东省大学生程序设计竞赛暨中国大学生程序设计竞赛广东省赛区	—	银奖 1 项，铜奖 3 项，学校排名全省第八	—
17	2015 年 10 月	2015 年第一届中国大学生程序设计竞赛	—	铜奖一项	陈壮峰、罗拔群、倪育磊

（五）自主研发项目成果

自主研发的项目有：党员管理信息系统、北京理工大学珠海学院在线评测系统（OJ）、北理珠不甘社一学习交流 BBS、北理工珠海计算机俱乐部微信服务平台、北理工招生与就业微信平台、北理工计算机俱乐部微信平台、北理珠创业工场微信平台、智慧医疗系统、基于微信的点到系统、北理珠学校后勤平台，微信认证，菜单功能，制作节日电子贺卡等功能开发、平台消息推送，查考试，查成绩，查补考等功能开发等。能取得这些自主研发项目成果，离不开“小老师”义务课堂的培训。

（六）创业团队的后备力量

“小老师”课堂—项目团队—实践创新团队—校友创新创业团队，一步一步梯次递进，是创新创业团队的后备力量。已有校友创新创业团队转变为创业公司，如源续科技有限公司、手之创电子科技、北纬 21 度工作室、珠海市芒果网络科技有限公司等，其中有 3 家成功入驻珠海市大学生创新创业孵化基地。

（七）媒体关注

四年IT梦想五小时成真

ACM大学生程序设计竞赛

从作品出发 用作品起航

五、项目特色

（1）树立典型，引导学风。选择具有高尚的思想品德、优异的学习成绩、较强的沟通能力的优秀学生，通过“模范效应”影响带动低年级学生学习进步。

（2）更有利于因材施教，从而提高教育质量。通过丰富的学生资源，采用“小老师”的方式，能够给予更全面的辅导教育，更利于因材施教，思想教育，“小老师”和学生都是同龄人，同样具有学生身份，更有利于沟通，并且开展教育的方式也多种，能够通过轻松的方式，将学校相关纪律等告知学生，学生也更易于接受；学业引导，“小老师”由于有了先前学习的经验，可以给低年级学生学习帮助和引导；“双向教育”“小老师”在校生经历比较多，可以在生活工作中影响学生，同时自己也可以在工作中受到锻炼，能够实现“双向教育”，对全面育人产生积极的作用。

（3）学生自治，促成长。通过“小老师”对学生的教育和引导，薪火相传，逐渐推进和加强学生的自我组织、自我管理、自我教育、自我服务，扩大学生自治的参与面和参与度。每学期初制订培训计划，每月按计划落实并执行，培训以“老带新”方式为主，通过定期选拔优秀的高年级学生作为“小老师”，制定培训内容，从“让我学”转变为“我想学”，进一步推进我院学生自治工作。当然，培训工作也离不开学院领导和老师的大力支持。

（4）拓宽渠道，促进就业。作为创业团队的后备力量。“小老师”课堂—项目团队—实践创新团队—校友创新创业团队，一步一步梯次递进，是创新创业团队的后备力量，为部分优秀的学生提供了创业机会。同时，创业团队也十分愿意吸收表现优异的“小老师”或者同学们作为他们的一分子。

六、思考与启示

学生自治，“小老师”课堂的开展充分发挥学生自我管理、自我教育、自我服务的能力和作用，更进一步促进学院的学风建设，影响和带动同学们投入积极学习的氛围中。另外，这也是一个教学相长的过程，不仅能让听课的同学增长更多的知识，也能使“小老师”巩固自己所学的知识。“小老师”们说道：“作为‘小老师’是完全不求回报的，因为自己也曾经受到这样的帮助，感谢学院老师和前任‘小老师’们的培养，希望通过自己的努力，让‘小老师’课堂能够薪火相传。”

朋辈讲堂——大学生思想政治教育新载体

◇实施单位：工业自动化学院党总支

苏霍姆林斯基曾说："只有能够激发学生去进行自我教育的教育，才是真正的教育。"大学生实现"自我管理、自我教育、自我服务"的"三自教育"是学校教育管理工作的重要内容，是对学生管理教育工作的探索和尝试，是新形势下学生管理教育工作的新特点、新需要，既符合大学生自主管理的时代需求，也符合社会发展对人的客观要求。"朋辈讲堂"旨在增强学生党员党性修养的同时，也希望充分发挥学生党员"自我管理、自我教育、自我服务"的主体性作用，引导学生党员将理论联系实践，将理论知识在实践中得以升华，是不断优化和创新的大学生思想政治教育的新方式。弘扬了大学生自主创新的精神，活跃了校园文化自治氛围。

一、背景与问题

传统的党课教育模式一味地缺乏独立性、自主性和创造性，学生群体对党课授课形式的参与度不高，党课互动性低，"老师一学生"的教育模式削弱了大学生的积极性和主动性，这不仅弱化了学生党员的教育功能，也降低了党建管理工作的效率。通过探索创新，坚持老师教育与自我教育相结合，开展贴近学生生活、积极健康的学生自治活动，形成新型自主教育模式——老师一学生讲师一学生，既发挥了学校教师、党团组织的教育引导作用，又实现了大学生自我管理、自我教育、自我服务。

2013 年 6 月，机械与车辆学院党总支学生办公室首次提出了"朋辈教育"的党课培训模式。立足本院，从机械与车辆学院党总支学生办公室从"90 后"学生学习方式的角度出发，通过不断探索和创新党课培训新模式，在 2015 年 9

月提出了“朋辈讲堂”，打造学生自治管理、自治教育模式。“朋辈讲堂”旨在增强学生党员党性素养的同时，引导学生党员将理论联系实践，将理论知识在生活中得以升华，不断优化和创新优秀党员自我教育的形式，为培养更多优秀的入党积极分子打下坚实基础。

二、具体事例

“朋辈讲堂”作为一种新型的党课培训模式，是指具有相同背景或是由于某种原因使具有共同语言的人在一起分享信息、观念或行为技能，以实现教育目标的方法。朋辈讲堂通过选拔讲师团，根据党建工作的潮流，以自主引导教育的方式，开展了7个不同内容的党课课程，包括“一带一路”战略解读、大学期间如何以实际行动向党组织靠拢、如何端正入党动机、争做优秀学生党员、“中国梦”专题学习与讨论、优秀党员座谈会暨读书交流会和抗战读书竞赛等活动。

事例一：

在当今校园，大学生入党现象成为一个热点话题，做一名优秀的正式党员渐渐成为学生的追求，是什么原因驱使莘莘学子向党组织靠拢呢？又应该如何向党组织靠拢呢？针对这些问题，朋辈讲堂在2015年10月17日，以“大学期间如何以实际行动向党组织靠拢？”为主题进行理论课程的讲解。在正式讲课前，朋辈讲师团成员——2013级交通工程2班徐嘉茹同学对其话题展开课前讨论，党课学员结合自身所学过的知识和切实感受畅所欲言。有的学员说:“端正入党动机，从自身做起，做好身边的小事，是向党组织靠拢的前提。”而有的说：“提高自我管理能力，关心国家大事，以实际行动为党、为国家出一份力。”徐嘉茹同学结合学员课上发言做出总结，归纳出要想向党组织靠拢，必须深入学习党章、党史，以实际行动从思想、学习、生活、精神等方面向优秀党员学习，传递正能量，以求真务实的精神体现学生党员先进性。努力朝着党组织指引的方向前进。

事例二：

为了促进优秀党员与党课学员之间的相互沟通，发挥优秀党员的先锋模范作用，朋辈讲堂开展了以“读书交流会”为主题的党课课程。在课上，2013级交通工程1班的张力铭同学作为课程主讲人，为党课学员分享优秀书籍以及读书心得，强调在大学四年期间，要用知识武装自己，让自己变得更加优秀。通过朋辈讲堂这一平台，张力铭提高了自身理论知识，培养了沟通学生能力，同时兼顾学习和社团工作，以平均绩点 3.80 在专业排名第五，荣获 4 次校优秀学生奖学金，课余时间还参加了不同学术类的比赛并且获得很好的名次，成为 2015 年校优秀学生党员报告会成员之一。在 2015 年当选我院党总支学生办公室主任，带领整个团队探索前行，以自身实践，实现自我教育、自我提升。

三、经过与做法

（一）确定主题

党建主导：入党问题已经成为当代大学生的热点话题之一，如何成为党员等已成为大学生关注的焦点。为了提高学生群体的党建认识和政治觉悟，学院党建工作辅导员为扩大学院优秀学生党员和优秀学生群体党建知识面，提出以下两个主题：如何端正入党动机、争做优秀学生党员。

学生参与：学生群体关注的热点问题呈现出多样性和多变性，朋辈讲堂是由一群具有共同语言的人在一起分享信息、观念或行为技能的学生群体组成的，结合当前时事展开话题，贴近实际、贴近生活、贴近大学生，通过学生与学生面对面的交流，挑选出学生群体关心的热点话题，扩大学生自治的参与面和参与度，开展了“大学期间如何以实际行动向党组织靠拢”的朋辈讲堂主题和微沙龙实践课堂主题讨论，体现了学生自我安排、自我制定、自我开展的自治作用。

热点解答：对于热点政治问题，思想认识客观上存在不平衡，学生思想认识出现偏差的现象在所难免，直观地引导、教育和解读尤为重要，针对这一问题，以“一带一路”战略解读为主题的讨论也应运而生。

学习讨论：洋溢着人文关怀，充满学习和讨论互动氛围是学生生活的重要方面，思想上的碰撞，帮助学生健康成长、自强自立，从而建立起良好的校园学习文化。于是，朋辈讲堂开展了“中国梦”专题的学习与讨论。

趣味交流：课上传统的理论知识讲解已经远远不能发挥学生党建工作的育人功能，朋辈讲堂通过优秀党员座谈会暨读书交流会和抗战读书竞赛活动，发挥了朋辈先锋的模范作用，提高了课堂趣味，扩大了学生的参与面，培养了学生的参与意识和交流能力。

（二）选拔讲师

朋辈讲堂面向全院党员公开选拔讲师，每位参与选拔的讲师试讲者结合

PPT 进行十分钟试讲，邀请学院专业教师担任评委。通过演讲主题、PPT 展示、答辩应对、形象风采等方面进行评分，聘请得分最高的 7 位同学为朋辈讲堂党课讲师团成员。朋辈讲堂讲师团成员与党课学员分享交流，实现教学自治，更加深层次地打造学生自治管理的新模式。邀请有经验的专业教师为讲师团成员开展不低于 10 个课时的内部培训，严格审核教学内容，提升教学效果。经过内部培训，提高了学生党员（讲师团成员）的理论素养。

（三）理论讲堂

理论讲堂即院党课理论课程。由讲师团完成院级党课 7 个学习主题的教学任务；学院党总支通过问卷调查和随机访谈等方式了解讲师教学效果，组织讲师召开经验交流会，反馈调研结果，分享授课感受和经验，提升学生党员的自我教育能力。

（四）实践讲堂

由讲师组织，带领全体积极分子开展 3 项实践活动，分别是："微沙龙" 活动，"微沙龙" 开创了全新的学术讨论 "O2O 模式"，通过微信平台以投票的形式开展"三观"教育，征集积极分子感兴趣的话题，邀请讲师们作为特邀嘉宾，与积极分子开展面对面交流；"志愿服务" 活动，朋辈讲堂的讲师们在校园内积极开展各项实践活动，例如清洁校内垃圾等，发挥了学生党员的先锋模范作用；"快乐四点半" 活动，在我院党总支与珠海市香洲区民政局携手香洲区委组织部等单位共同协办的这项活动中，讲师们走出校园，带领报名参加本次活动的积极分子走进社区，丰富中小学生的课余生活，深受好评；在暑假期间，讲师团带领学院积极分子走出校园，面向社会，自主组建成一支大型的社会实践服务队。在讲师团成员的指导和带领下完成暑期社会实践，撰写实践报告，充分发挥了朋辈讲堂的 "自主性"，实现学生党员的自我规划、自我管理、自我服务、自我教育。

（五）总结提升阶段

由学院党总支召开总结大会，表扬在本期朋辈讲堂中表现优异的讲师，并邀请优秀讲师分享经验心得，通过新闻报道、制作宣传栏等形式对他们进行表彰。同时，收集、整理讲师们对朋辈讲堂的意见和经验，提升了学生党员自我学习自我反省的能力，实现了对朋辈讲堂的自我引导。在朋辈讲堂的影响和激励下，学院入党积极分子表示，朋辈讲堂自治新模式的实施，使他们领略了优秀朋辈群体的风采，引起了学习交流共鸣，对其思想意志、自主学习、自我培养能力产生潜移默化的影响。

朋辈讲堂力求营造一个充满朝气的氛围，正是通过这种新型的交流方式，学生党员“自我培养、自我教育、自我管理、自我服务”的主体性作用才得到发挥，既实现了他们的自我教育、自我管理和再教育的过程，又树立了优秀学生党员形象，从知识上实现教学自治，理论带动实践，从校园走向社会，实现了质的升华。

四、主要成效

戴尔说:“教育的宗旨在于培养自主的学习者，也就是能够进行有意义的学习并成为终身爱好学习的学习者。教育重在学习能力的培养。要‘授人以渔’，而非‘授人以鱼’。要形成自主课堂，造就自主学习者就必须创建积极的课堂环境。”朋辈讲堂秉承这种理念，形成多形式的自主讲堂。通过提供许多有创设性的策略，为我院学生创建积极的讲堂环境，努力把学生培养成自主的学习者。

朋辈讲堂让学生当讲师，减少了大学生之间在思想认识上的不平衡，将传统的抽象说理转变成活生生的例子，从而贴近大学生的实际，激起学生思想情感的共鸣,这样更易于被他们接受。朋辈讲堂不仅发挥了朋辈的榜样示范作用，起到了学生自主管理工作中的引导作用，还使他们从中更好地认识自我、丰富自我、完善自我，从而增强了自我能力。

作为一种新型自主管理、自我教育的形式,通过理论—实践—社会相结合，学院入党积极分子在思想、生活、学习上有了质的提升，也强化了自主管理的意识与能力。

五、思考与启示

（一）多面朋辈，全面教育

根据“90 后”独立学院大学生的特点，面向不同群体、不同领域，选拔出不同类型的优秀朋辈。通过开展系统性的培训，构建朋辈讲师团小组，结合不同朋辈的情况，提出针对性建议。提高学生学习的多样性，充实了教育内容，实现全面教育。

（二）多面讲堂，全面自治

以多方面的讲堂方式——理论讲堂、实践讲堂和社会讲堂，通过创新学生教育、学生管理、学生考核的开放性自治教育模式，提高入党积极分子培养质量和党员发展质量，实现思想教育的全面自治。

（三）积极探索，全面管理

朋辈讲堂党课培训组织者和参与者全部由学生组成，提高了学生多方面的自我管理、自我教育能力；坚持公开选拔、学用转化，提高党员的综合素质；公开选拔讲师团成员，为他们提供锻炼机会，提高学生党员的综合素质，发挥他们的模范带头作用，树立优秀党员的形象。

“宿舍对对碰”活动项目概要

◇实施单位：民商法律学院　年级委员会

一、背景与问题

（一）大学生网瘾问题严重

随着互联网的普及，大学生上网已经成为普遍的现象，尽管上网成瘾者在大学生网民中的比例不一定很高，但一些调查研究结果确实表明大学生网络成瘾问题日趋严重，令人忧虑。中国科学院心理研究所在全国 13 所高校的调查显示，80%中断学业（包括退学、休学）的大学生都是因为网络成瘾。还有百余名在读学生因为网瘾出现成绩下降、学分不达标的情况，其中一些学生被降级、试读，濒临退学边缘。

其实，在我们身边也不乏这样的同学，有时周末两天完全不出门，连饭都是让同学帮忙带回宿舍，这不仅会影响自身的学业，还会带来一连串心理或生理的问题。

（二）大学生沟通能力减弱

由于网络的影响，现在的大学生的人际交往能力已经出现了一定的问题，很多同学的交往范围仅限于宿舍的小圈子和一起上课的班级同学，与班级同学的交往也往往只是上课时的见面，课余时间几乎没有联系。在同一个班级内，尚且普遍存在这样的情况，更不用说班级与班级之间同学的交流，甚至是高年级与低年级之间的交流了，缺乏了这种紧密的联系，在年级以及整个学院当中，都难以形成统一的凝聚力，因此“宿舍对对碰”这一活动就旨在打破不同班级、不同年级同学之间的壁垒，同时这个活动还旨在将不同班级、不同年级的同学联系起来，建立长效的校友联系机制。

二、具体事例

“宿舍对对碰”是以宿舍为单位，以学院内高年级和低年级的宿舍结对为活动目标，通过寻找宿舍之间的相似点，将宿舍首先一对一地联系起来，随后，通过各项活动的推进，逐渐打破宿舍的界限，在不同班级和不同年级之间建立起长效和稳定的联系。

年级委员会将“宿舍对对碰”分为三个步骤进行，旨在通过“破冰—被动联系—主动联系”三个步骤的循环在宿舍之间建立起积极且长效的联系，在生活、学习、思想建设等方面共同进步。

首先，为实现破冰目的，组织“宿舍对对碰”初次见面会，以宿舍为单位介绍大家进行初步认识与对接，了解活动的方式和目标。

其次，在宿舍之间建立起稳定的联系之后，级委会主动组织大家进行联系活动，在学习、生活、思想等各个方面，促进大家的联系，加强宿舍之间和不同年级之间的线下交流。在这个板块中的典型活动有 2016 年 1 月举办的书籍交流分享会。

最后，通过几次活动之后培养“对对碰”同学们的自主活动意识，鼓励大家逐渐打破最初的宿舍一对一模式，逐渐形成几个宿舍共同联系的局面，同时鼓励宿舍之间主动联系外出活动,培养感情,摆脱网瘾对学生生活的负面影响，充实大学生活，建立长期稳定的联系。

此外，在活动过程中建立起评先评优的奖励机制，选拔在活动中取得良好效果和重大进步的典型宿舍进行表彰和宣传，从而使他们起到模范带头作用，将“宿舍对对碰”这个活动对学生产生的良好作用推广开来，吸引更多的同学主动参与到这个项目当中来。

三、经过与做法

将宿舍定为活动的基本单位是根据学院的实际情况决定的，民商法律学院每个班的容量都在 50 名学生左右，以班级为单位组织对对碰的活动会有较大难度，且人数较多的情况下活动的目标实现可能会受到影响，因此以宿舍为单位，不但能够提高活动的效率，同时还可以让参与活动的同学们从一个熟悉的环境里起步，逐渐扩大自己的眼界和交往圈，达到项目的预期效果。

第一步，“宿舍对对碰见面会”破冰。

为了不使活动流于表面，班级委员会首先采取的是小团体对接的试验模式，这样既能提高活动的效率，又可以在小范围试验活动的模式，以小见大积累经验。

首次参与“宿舍对对碰”的对象是在学院内通过主动报名挑选出来的具有典型代表性的宿舍，其中既包括高年级同学的宿舍，也包括低年级同学的宿舍，两方基本能够按照一比一的数量保证对接的质量。

通过破冰见面会，首先让参与活动的宿舍明确与自己对接的另一个年级的对应同学，保证实现小单位的有效对接，同时，促进大家的交流，组织大家在常用的微信、QQ 等社交软件上互相建立好友关系，保证相互联系的通畅。随后，通过一系列的座谈交流以及破冰游戏等，逐渐让大家在无意识中打破宿舍这个框架范围，融入不同年级的交流中去。

在第一次见面会活动中，2015 级的几位同学就入学以来这一学期遇到的问题提出了自己的疑惑，而当时参与活动的 2014 级的学长学姐们也针对这些问题做出了详尽的解答。这样的一次交流既给了低年级的同学一个了解未来大学生活、解决当前困惑的机会，也能够让高年级的同学在答疑解惑的同时反思自己的经历，总结经验教训，扎实走好未来每一步。同样，这样的一次交流也是原本活动中没有设计到的意外收获，以后将成为活动的主要内容固定下来，不断发展完善。

第二步，主动推进线下交流。

当参与活动的同学已经通过第一次见面会互相认识之后，如果不能够及时推进他们的进一步交流联系，很难使刚刚建立起来还不够稳定的友谊维持下去。因此，在见面会之后，级委会仍然需要主动地组织关于学习、生活和思想建设的各类活动来加强联系，培养参与者的社交兴趣。在这些活动中，既包括能够提高大家学业学术的读书交流会，也包括有益于同学们身心健康的运动比赛（例如篮球赛、羽毛球赛等），还包括能够使大家共同开阔眼界的登山、旅游等。

其中最为成功和典型的一次活动，就是级委会组织的书籍传递活动。根据同学们的反映，一些通选课程每个学年都会开设，一些核心的法学专业课程也会每个学期或者学年开课，这些课程的课本在一段时间内，如果没有遇到改版问题，是可以反复使用的，加上很多参考类书籍、课外读物也具有可重复利用的特点，书籍就成了这一次“宿舍对对碰”线下活动的纽带。此外，通过 2014

级年级委员会的事前调查，他们了解到高年级的同学有意愿将自己已经不再需要且可以利用的书籍传递给低年级的同学，而低年级的同学也非常愿意接手使用可以再利用的书籍，并且愿意在使用之后再次将这种关怀传递下去。终于，书籍传递活动就在同学们的期盼和支持下顺利展开。

书籍传递活动拉近了同学们之间的感情，同学们通过高年级同学在书中留下的温馨小纸条，与高年级的同学建立起了稳定而深厚的友谊，在学院内建立起一种互相帮助、互相关爱的和谐气氛。同时，书籍传递又可以避免浪费，响应号召重复利用资源，一举两得。这样的活动也为“宿舍对对碰”的其他线下活动的组织开展奠定基础，也积累了经验。

第三步，引导自主交流活动。

当参与活动的两个年级的同学建立起了较稳定也较有规模的联系之后，2014 级年级委员会趁热打铁，倡议大家主动联系，多多聚会交流，将原先级委会组织的活动主动地扩展成自己发动的活动，自主地进行更深入的沟通，并在活动后形成反馈，反思不足，为进一步的活动做好准备。

同学们自主推进的活动不但充满趣味性，还能够基本将学习、生活和心理健康等各个方面覆盖到，有的宿舍进行了聚餐聊天，了解目前生活中存在的困难和疑问；有的宿舍一起讨论专业知识，不同年级同学带来的多角度的理解，给同学们带来了众多新的启发；还有的宿舍相约一同外出游玩珠海著名景点、历史遗迹，等等，在开阔眼界的同时建立起更牢固的友情。在活动过程中，同学们能够真实充分地记录活动的过程，拍摄活动的照片，在活动结束后，记录下对接过程中的心得体会，相互交流学习。

在众多自主组织的交流活动中，以 2014 级和 2015 级汉语国际教育 1 班的女班长宿舍成员所进行的活动最有意义，她们相约到学校图书馆一起学习，一起探讨学术问题，互相交流，并在相互之间形成了深刻的印象。她们的活动感想主撰写人为 2014 级汉语国际教育 1 班的女班长林雅婷，她们的活动感想包含了参与到“宿舍对对碰对接初次见面会”的感想和她们在自由活动中的心得。她在该次感想中写道：“这次的宿舍对对碰活动，不仅增进了 2014 级与 2015 级两个年级的班长之间以及班长宿舍成员之间的交流，也促进了 2014 级级委与各班班委以及同学之间的了解，是非常有意义的一次活动。

第四步，表彰与总结。

“宿舍对对碰”项目是一次崭新的尝试，必须在不断地反思与总结中才能够完善与成长。因此，在项目进行一段时间之后，年级委员会不但会经常组织参与项目的宿舍进行总结与讨论活动，希望通过交流能够互相学习，取长补短，将项目更好地推进，同时级委会还会对在活动中取得良好效果和重大进步的典型宿舍进行表彰和宣传，力求通过表彰将良好的模范形象推广到广大同学当中，也希望这种典型的成功案例吸引更多的同学主动参与到项目当中来。

此外，活动结束后，级委也对每次活动进行了总结和分析，通过这一次次“宿舍对对碰”的小规模试验，留下了很多经验与思考，小规模试验的成功在一定程度上预示着活动可扩大推广范围的可行性，同时在活动中积累的经验和暴露的问题，都成了未来持久开展这项活动的坚实基础。

四、主要成效

必须说，这次活动的成效还是很显著的，甚至超乎原计划。

首先，针对大学生网瘾问题，这次“宿舍对对碰”以寝室为单位的活动模式很好地带动了原本不愿参加外出活动的同学们的积极性，有些原先不愿意出门活动的同学，渐渐能够在这样的交流活动中找到与自己兴趣相同的人，尤其在男生的对接中，能够抛开网络游戏而共同进行篮球、足球等体育活动的同学不在少数；还有些原先因为没有目的而不愿意参与活动的同学，通过“宿舍对对碰”的活动与更多的人建立起了交流和联系，扩大自己生活和学习的圈子，有了更多的兴趣爱好。有了第一次的尝试，建立起了初步的交流，就会逐步养成习惯，在后期的自主活动中也明显表现出极高的参与热情。

其次，对于大一新生在大学新学期产生的问题和疑惑，“宿舍对对碰”也可以很好地解决。和学长学姐们组成的生活中的交流小组，比学院的老师甚至家长更能直接地了解到同学的需求和心理变化，关于学习生活中的问题也可以凭借一年的经验给予答复，这种交流不仅能很好地解决问题，更能起到预防其他问题的作用。

最后，这种宿舍间的联谊活动也在同学间建立起了跨年级的感情，经过几个步骤的活动，很多宿舍与宿舍之间已经建立起来了稳定长期的友谊，一些活动效果良好的宿舍甚至能够主动扩大联系的范围，带动了很多没能参与到第一期活动中的同学们，这是超出意料的。

五、思考与启示

（一）可操作性

首先通过“宿舍对对碰”的初步实践，确实证明了这一项目的可行性与有效性，首次对对碰对象主要限制在各班班长宿舍，缩小了操作成本，完美地实现了第一次“撞击”，不仅验证了其可操作性和实效性，而且为以后年级间的交流和学习积累了宝贵的经验。

（二）有效性

这一类的特色活动，确实可以让一些“宅男宅女”们走出宿舍，走向校园，更加积极地参与到各类社交或户外活动中，让校园生活更加有活力。多组织举办这一类的活动，甚至能够将这样的活动固定下来、传承下去，可以创造一个相互认识且互相交流的平台，拉近学院间不同年级同学们距离，也可以营造更好的学习、生活环境。

通过这一类的活动，切实有效地建立起了不同班级、不同年级同学之间的交流与沟通。这样的活动是以真正了解同学们的需求为基础，以解决同学们的实际困难为目的的，坚持了“以优带优”的原则，弥补了辅导员以及班主任不能一一指导新生等缺陷，让优秀的学长学姐们指导处于迷茫的大一同学的学习与生活，达到事半功倍的效果。

（三）服务性

当然，这样的活动对于级委会也有着巨大的影响，它可以加强大家对级委“为广大同学服务”这一宗旨的认识，做到真正了解同学们的需求，让级委能够明确存在的实际价值，发现和解决身边的具体问题，在操作的过程中关注方式方法，将实操性和有效性在不断尝试中摸索出完美结合的途径。

携手追梦，共创未来

◇实施单位：外国语学院　2013级英语5班

2013级英语5班由36名同学组成。同学们通过自荐、选举方式，组建了以班长、团支书为主的班级干部队伍。自此，全班同学团结一致，拼搏进取，在学习、学科竞赛、班级工作、社团活动等方面取得了优异成绩，逐步成长为一个团结奋进的班集体。

一、加强自我管理，培育勤奋务实的学风

优秀的团队精神是学业成功的基础，是成长成才的法宝。我们要树立为实现国家富强、民族振兴、人民幸福而奋斗的远大理想和志向。成为德智体美劳全面发展，具有创新精神的有用之材，为实现中华民族伟大复兴的中国梦而努力奋斗。

（一）树立成才志向，制定四年规划

大学四年，同学们都应该有一个理想，通过自己的艰苦努力，敢于面对挫折，克服困难，将理想变成现实。班委会和团支部成立之后，做的第一件事，就是组织同学们制定大学四年的规划。同学们根据英语专业的特点和自身情况，制订规划、明确目标、分步实施、落到实处。

（二）抓好晨读上课出勤，努力创建全勤班

“加强纪律性，革命无不胜”。遵守纪律是打造优秀团队的保障。班长、团支书带头，全班同学严格要求，团结合作，共同培育了优良学风。大家注重思想文化修养，努力提高道德素质和人文素质；注重文化知识积累，努力提高业

务能力和综合能力。自 2014—2015 学年第一学期以来，英语 5 班连续三个学期无违纪、无旷课、无旷读、无迟到早退，获得外国语学院 3 次“全勤班”奖。

1. 班长、团支书和学习委员分工明确

班长负责班级行政事务工作，团支书负责同学们的思想教育和共青团工作，学习委员负责学习、学科竞赛和课堂晨读考勤等工作，大家各司其职，尽职尽责，实现了“1+1＞2”的成效。

2. 为了增强团结、凝聚团队活力，定期召开班会

根据班上学习情况、班级当前主要工作任务、遵守纪律等情况召开主题班会。同学们共同讨论，纠正偏差，确定目标任务，齐心协力，努力完成。

（三）强化创新精神，发挥团队效应

打造团队精神，实行班级自治，树立优良学风，立志成长成材。

（四）建立健全的班级风貌体系

1. 班徽

班徽中间的数字 5 代表着 2013 级英语 5 班，而整个黄色和红色部分则形似火炬，寓意 2013 级英语 5 班的每一个人就像是一路追随的火炬手，在追逐梦想的路上，携手相伴，永不止步。

2. 班级口号

Running Five

寓意着时刻奋斗、拼搏进取的 5 班，也代表着 5 班的每个同学，在成长道路上不断前行，永不止步。

3. 班级宗旨

我为人人，人人为我。

班级内提倡个人服从于集体，一切以集体的利益为重；集体的荣誉也是每个同学的荣誉，要求全班同学有强烈的集体荣誉感和团队精神。

（五）建立健全班级自我管理体系

1. “点—线—面 ”的管理模式

“点”：全班以班长、团支书为主，通过选举热情、负责的班干部成员组建了班委会、团支部，形成积极负责的班干部队伍，负责班级日常工作。

“线”：从宿舍做起，每个宿舍选出一名宿舍长，负责平时班级工作的通知和实施。从个人到宿舍，实施特定的奖惩制度，在班级内部对表现优秀的宿舍进行奖励，颁发奖品。

“面”：层层递进，全班同学以 5 班的荣誉和利益为先，互帮互助，团结友爱，拼搏进取，共同维护班级的荣誉和利益。

2. 奖惩结合的管理办法

“奖”：班级每学年举办“班级年度表彰大会”，对为 5 班取得荣誉，做出贡献的宿舍和个人进行表彰和奖励。

“惩”：对于有违纪行为的同学，给予严肃批评，并取消其评奖、评优资格。

奖惩结合，使全班同学能够严格要求自己，并在班级中相互监督。全班同学严于律己，做到扬长避短。

二、注重自我组织，做到学习自律

知识就是力量，是做好事情的基础。我们要努力学习科学文化知识，向师长学，向书本学，向网络学。珍惜时间，分秒必争；脚踏实地、坚持不懈；孜孜不倦，学而不厌；努力成为博学多才的好青年。

（1）同学们上课积极活跃，在多门学科上（如英语口语、综合英语等课程），以分小组的形式进行学习交流；并积极向任课老师提上课建议，提高上课效率。

（2）为备战 2015 年的英语专业四级考试，力争达到高通过率，每名同学制订了备考方案。具体措施如下：

① 每天早读，由学习委员播放专四考试听力，帮助同学练习听力，积累词汇；

② 每天 2 篇听写，由同学课后自己听，然后做批改；

③ 每周一次专业四级模拟试题考试，培养同学们的做题能力、把握考试时间；

④ 同学之间相互阅卷，请讲授综合英语课的老师对模拟考试出现的问题做试卷分析和点评，指出注意事项、易出错的原因、如何正确答题等，提高同学们的综合能力。

2015 年全国英语四级专业考试，2013 级英语 5 班获得良好成绩，一次性通过率达 70%。比全国平均通过率的 51.79%高 18 个百分点。

三、实行自我教育，弘扬诚信品质

诚实守信，是做人之本，立德之源。签订诚信承诺书，就是继承和发扬优良学风，讲究诚信，回归诚信。

（一）诚信做人，签订诚信承诺书

全班 36 名同学向外国语学院签订诚信承诺书，在 6 个方面严格要求自己，做到诚信自律。

1. 学习诚信：态度端正，严谨求实

不抄袭他人作业；不伪造实验数据；遵守考场纪律，自觉抵制各种考场违纪行为。

2. 经济诚信：以信立人，履约践诺

不恶意拖欠学费等费用；不恶意透支信用卡、电话卡等贷记卡；不偷窃、诈骗他人财物；不盗用他人手机、互联网等信息获取利益。

3. 生活诚信：遵纪守法，弘扬正气

不恶意损坏学校公共财物；遵守学校各项规章制度，不打架、不赌博，不参与其他扰乱教学秩序、损害学校名誉的行为。

4. 诚信贷款与受助：自强不息，严于律己

不编造和利用虚假的证明材料申请助学贷款和各项资助；毕业后积极履行贷款合同，按时归还贷款本息，不恶意拖欠国家助学贷款；对国家助学金、学校伙食补贴和其他资助金，不进行不当消费。

5. 诚信上网：知行统一，自省自律

不通过短信、互联网编造与传播带有迷信、色情、反动内容的各类非法信息；不在互联网上诋毁谩骂他人与政府；不盗用他人账号密码、窃取和泄露他人隐私。

6. 诚信就业：自尊自爱，修身明礼

不向用人单位提供虚假的成绩单、获奖证明和资格证书等，不编造虚假的在校任职记录与社会实践经历；慎重签订劳动就业合同，不恶意违约。

（二）诚信学习，期末考试免监考

班级申请期末考试免监考，是对学风的推进，是诚信考试的最高境界。2014—2015 学年第二学期期末考试，英语 5 班申请免监考，成为我校建校以来的第一批 5 个免监考班级之一。免监考班级由班长代表全班同学与外国语学院院长吴树敬教授在《期末考试免监考承诺书》上签字，全班同学都在免监考承诺书上签字。2015—2016 学年第一学期期末考试第二次免监考。

我们郑重承诺：

服从考场座位安排，自觉遵守考场纪律。

独立完成试卷答题，相互不传答题信息。

杜绝夹带小抄纸条，不用通信设备作弊。

不找他人代己考试，不替他人参加考试。

不抄他人答题结果，拒为他人提供答案。

如若违反诚信承诺，承担相应责任后果。

四、注重学以致用，加强社会实践

实践教学、学科竞赛、社会实践，是理论联系实际的重要手段，是提高分析问题解决问题能力的必由之路。积极参加学科竞赛、社会实践、社团活动和志愿者活动，在活动中尽职尽责，无私奉献；学得知识，增长才干；学会合作，增进友谊。

（1）为了灵活运用专业知识，英语 5 班积极组织同学参加新生英语演讲大

赛、外语短剧比赛、 外语配音大赛、全国商务英语翻译大赛等比赛，同学们在比赛中大放异彩，取得了良好成绩。

（2）鼓励同学积极参加社团活动，全班 36 名同学全部参加各类社团，12 名同学在各社团任职，例如校青协文艺队队长、外语协会学术部部长、海贝 TV 副主席、学生会行政部部长等。

（3）鼓励同学积极参加外国语学院运动会、学校运动会、团日设计大赛，参加校青协“三下乡”、访老活动、外院童心小队义教等公益活动。2014 年 3 月组织同学们无偿献血，10 多名同学无偿献血。

（4）鼓励同学积极寻找实习机会，为毕业后找工作积累经验。目前，全班已有数名同学找到实习岗位。

五、注重团队效益，力求人人优秀

校级优秀团员、优秀团干部、优秀学生、优秀学生干部、军训优秀学员共 18 人、28 人次，获得优秀社团干事称号 14 人，评优率达到 88.89%。

成绩只能代表过去，未来还有更长的路要走。2013 级英语 5 班将会继续高呼班级口号“Running Five”，在班级自治的道路上不断前进，努力创造更加优异的成绩。

附件

项目绩效及特色：

1. 2013—2014 学年北京理工大学珠海学院“优良学风班”。
2. 2013—2014 学年北京理工大学珠海学院“先进团支部”。
3. 2014—2015 学年北京理工大学珠海学院“优良学风班”。
4. 2014—2015 学年北京理工大学珠海学院“先进团支部”。
5. 英语 5 班全班同学连续三个学期无违纪、无旷课、无旷读、无迟到早退，获得 3 次“全勤班”奖。
6. 英语 5 班连续 2 个学期期末考试申请成为“免监考班级”。
7. 广东校园人气班级大赛“第二名”。
8. 北京理工大学珠海学院外国语学院“优秀班级”。
9. 北京理工大学珠海学院外国语学院“最佳团队奖”。
10. 北京理工大学珠海学院外国语学院表彰大会“活动贡献奖”。

11. 北京理工大学珠海学院外国语学院团日风采设计大赛“一等奖”。

12. 北京理工大学珠海学院外国语学院团日活动暨女生节“二等奖”。

13. 北京理工大学珠海学院外国语学院团日风采设计大赛“最佳组织奖”。

14. 北京理工大学珠海学院外国语学院团日活动暨女生节“最佳才艺奖”。

15. 外国语学院第一届微博大赛“二等奖”。

16. 北京理工大学珠海学院外国语学院摄影大赛“三等奖”。

17. 2013—2014 学年获得校级优秀团干、优秀团员、优秀学生干部、优秀学生称号 18 人，获得优秀社团干事称号 14 人，评优率占全班人数的 88.89%。

18. 英语 5 班在各个方面表现突出，班内同学积极向上，被选拔上党课人数达到 7 人，现已有 1 人为正式党员，1 人为预备党员。

19. 2013 级英语 5 班积极承办学院大型活动。

（1）英语 5 班曾承办外国语学院表彰大会。

（2）承办校级十榜人物之社团精英榜的节目表演。

（3）曾应邀到珠海市特殊学校担任义演嘉宾。